Oetinger

Wundersame Weihnachten

Geschichten und Gedichte zum Staunen von
Erhard Dietl, Juma Kliebenstein, Paul Maar, Antonia Michaelis,
Salah Naoura, Martina Wildner und vielen mehr

Illustriert von Daniela Chudzinski

Herausgegeben von Susanne Weber

Verlag Friedrich Oetinger · Hamburg

Daniela Chudzinski lebt und arbeitet in Hamburg und begann bereits während des Studiums, Bücher für verschiedene Verlage zu illustrieren. Ihrem Diplom in Illustration und freier Malerei fügte sie noch einen zweiten Abschluss als Kunsthistorikerin hinzu. Zeitweise zog es sie zum Leben, Studieren und Arbeiten nach Südengland und in die USA. Heute zeigt sie mit zahlreichen illustrierten Kinder- und Jugendbüchern, der Entwicklung von Ausstellungen sowie Lehrtätigkeiten ihr vielseitiges Schaffen.

Susanne Weber, 1977 in Oldenburg geboren, studierte in Berlin Germanistik und Romanistik. Sie arbeitete einige Jahre als Lektorin in Kinderbuchverlagen, bevor sie begann, erfolgreich Kinderbücher zu schreiben. Sie lebt mit ihrem Mann und ihren beiden Söhnen in Berlin.

FSC
www.fsc.org
MIX
Papier aus verantwortungsvollen Quellen
FSC® C004592

© Verlag Friedrich Oetinger GmbH, Hamburg 2015
Alle Rechte für die deutschsprachige Ausgabe vorbehalten
Einband- und Innenillustrationen von Daniela Chudzinski
Satz: Hermann Zanier, Berlin
Druck und Bindung: Firmengruppe APPL, aprinta Druck, Wemding
Printed 2015
ISBN 978-3-7891-5134-7
www.oetinger.de

Inhalt

Zauber auf dem Weihnachtsmarkt

Paul Maar

O Tannenbaum

„O Tannenbaum, o Tannenbaum,
wie grün sind deine Blätter …"

Ein Weihnachtsbäumchen auf dem Markt
fragt seinen Nachbarbaum empört:
„Was singen diese Menschen da?
Hast du gerade zugehört?
Wer mag nur so was dichten!
Wir haben keine Blätter
und sind auch keine Tannen.
Wir alle sind doch Fichten!"

Katrin Zipse

Edgar, Wilm und die anderen von der Lebenden Krippe

In einer Lebenden Krippe auf dem Weihnachtsmarkt wohnten fünf Tiere: ein ziemlich alter Esel namens Edgar, ein junges Wildschwein mit dem Namen Wilm, zwei Schafe, die beide Mollie hießen, weil sie sich so ähnlich sahen, dass sie ohnehin keiner auseinanderhalten konnte, und ein Igel, der keinen Namen hatte, weil er gar nicht richtig zur Krippe gehörte. Er hatte sich durch ein kleines Loch im Zaun hereingeschmuggelt und schlief die meiste Zeit im Eimer mit dem Kraftfutter.

Genau genommen, gehörte natürlich auch Wilm nicht richtig zur Lebenden Krippe. Denn in eine Lebende Krippe gehören eigentlich nur die Tiere, die bei der Geburt von Jesus dabei waren. Also Ochse und Esel und irgendwie auch die Schafe, weil die immerhin in der Nähe vom Stall waren, als Jesus geboren wurde. Das weiß man, weil die Hirten, die sie gehütet haben, dann gleich zu Jesus rannten. Kann man nachlesen, steht in der Bibel. Aber von einem Wildschwein und einem Igel steht da nichts. Wirklich überhaupt gar nichts.

Dass Wilm trotzdem dabei war, lag an der Frau mit dem Irgendwas auf dem Kopf, das Edgar an eine riesige platt gedrückte Himbeere erinnert hatte. Sie hatte neben der Lebenden Krippe gestanden und ganz ernst mit dem Schäfer geredet. Es ging darum, dass niemand Wildschweine mögen würde und dass die Leute sie immer nur totschießen würden, und das wollte sie unbedingt ändern.

„Wie denn ändern?", hatte der Schäfer gebrummt.

Die Frau hatte es ihm ganz geduldig erklärt, doch es war ziemlich kompliziert gewesen. Aber so viel hatte Edgar kapiert: Die Frau wollte, dass die Leute begriffen, dass Wildschweine eigentlich total süß waren. Und etwas, das man süß findet, schießt man ja nicht tot.

Edgar hatte versucht, es den Mollies zu erzählen, die noch im Transporter gewesen waren, als die Frau mit dem Schäfer geredet hatte. Er selber war schon am frühen Morgen in die Lebende Krippe gebracht worden. Er war jedes Jahr der Erste.

„Hat sie gemeint, dass die Leute die Wildschweine so süß finden sollen wie weiche, wollige Schafe?", hatte die eine Mollie gefragt.

Und Edgar hatte gesagt, dass sie wohl eher so süß gemeint hatte wie traurige graue Esel.

„Bist du dieses Mal auch wieder traurig?", hatte die andere Mollie gefragt.

Sie hatten Edgar nicht mehr gesehen, seit die Lebende Krippe letztes Jahr nach Weihnachten abgebaut worden war. Da war er auch traurig gewesen.

Und Edgar hatte mit seinem großen grauen Kopf genickt und „Ja" gesagt.

Er war jedes einzelne Weihnachten traurig, seit er auf der Welt war. Und das lag an dem Dings. Dem Dings mit Musik. Dem Dings, das nur er kannte, denn nur er hatte schon in seinem allerersten Jahr bei der Lebenden Krippe mitmachen dürfen und war durch den ganzen Weihnachtsmarkt geführt worden, weil jeder ihn hatte streicheln wollen.

So ein hübsches Eselsfohlen war er gewesen!

Damals hatte er es entdeckt:

Ein sehr großes, sehr rundes und sehr buntes Dings. Ein Märchen von Dings. Ein Traum mit Musik. Ein Etwas, das sich drehte und drehte und drehte, und bunte Bilder tanzten dabei durch die Luft und Kinder und Pferde und Kutschen und vielleicht sogar Esel.

Ein einziges Mal nur hatte er es gesehen, und seitdem wünschte er sich nichts mehr, als es wieder betrachten zu dürfen. Den ganzen Frühling und Sommer und Herbst, wenn er auf der Weide stand, freute Edgar sich auf den Winter. Er stellte sich vor, dass er dann noch einmal durch die Gassen geführt werden würde. Vor dem Dings mit Musik würde er stehen bleiben, lange, sehr lange, er würde die tanzenden Bilder sehen und die wunderbare Musik hören, und er wäre wieder jung. Aber jedes Jahr, wenn der Weihnachtsmarkt öffnete, wurde seine Hoffnung enttäuscht. Niemand ging mit ihm durch die Gassen. Der Bauer fuhr mit dem Transporter vor und lud ihn direkt am Zaun vor der Lebenden Krippe ab. Das war alles. Und das war sehr traurig.

Aber das hatte Edgar den Mollies schon so oft erzählt, und sie glaubten ihm sowieso nicht, dass es das Dings wirklich gab. Sie wollten viel lieber wissen, wie es mit der Frau mit der Beere auf dem Kopf und ihrem Schäfer weitergegangen war.

„Na, wie schon?", sagte Edgar. „Sie hat den Schäfer rumgekriegt."

„Natürlich", sagten die Mollies und seufzten.

Ihren Schäfer kriegten die Frauen immer rum.

„Wir brauchen einen Frischling in der Lebenden Krippe, zum Angucken und Gernhaben", hatte die Frau gesagt und den Schäfer angelächelt. „Wenn die Leute sich erst mal in ein Wildschweinbaby verliebt haben, macht es ihnen auch nicht mehr so viel aus, wenn die großen Wildschweine abends aus den Wäldern in ihre Gärten kommen und Schlamm aus Rasen machen. Dann finden sie das bestimmt sogar niedlich und beobachten es mit dem Fernglas vom Wohnzimmerfenster aus."

Edgar fand zwar, dass die Leute sich auch woanders in ein Wildschweinbaby verlieben konnten und es dafür nicht ausgerechnet zu ihm in die Lebende Krippe gesteckt werden musste, aber abgesehen davon hatte die Frau schon recht. Wildschweine konnte man wirklich viel besser beobachten als zum Beispiel kleine Vögel, die sich immer in Hecken versteckten und fortflogen, sobald man einmal zu doll schnaubte. Wildschweine hüpften auch nicht so viel rum und machten einen nervös.

Vielleicht hatte dem Schäfer das mit dem Wildschweinebeobachten auch eingeleuchtet, vielleicht wollte er aber auch einfach weiter von der Frau angelächelt werden, auf jeden Fall sagte er: „Ja."

„Ja, ganz ausnahmsweise darf ein Frischling dieses Jahr in die Lebende Krippe."

Genau so hatte er es gesagt. „Ein Frischling. Dieses Jahr. In die Lebende Krippe."

Edgar wusste es so genau, weil er noch gedacht hatte, dass „Frischling" eigentlich richtig nett klang, so sauber irgendwie und nach etwas Leckerem zu fressen. Auch wenn er den Frischling natürlich nicht fressen würde, weil er Vegetarier war, und die fraßen kein Fleisch, und Babys würde er sowieso niemals und so weiter. Ist ja klar. Am nächsten Abend kam der Frischling an. Aber so frisch war der gar nicht mehr und allerhöchstens noch halb klein und eigentlich viel mehr schon halb groß. Und er roch sehr doll. Die Frau mit der roten Beere auf dem Kopf hatte ihn gebracht, und dann war sie mit ihrem Auto gleich wieder weggefahren, ohne zu lächeln, und hatte sich dabei die Nase zugehalten. Die Mollies hatten es genau gesehen.

„Ich bin der Wilm", sagte der Frischling. „Was geht ab?"

Und als Edgar und die Mollies nicht so recht wussten, was sie darauf antworten sollten, weil eigentlich gar nichts abging, schnaubte Wilm verächtlich und schlenderte in den Stall. Eigentlich war es kein richtiger Stall, weil er nur zwei Wände hatte, damit die Leute Josef und Maria und die Heiligen Drei Könige besser sehen konnten, die da drin um die Futterkrippe herum standen, in der das Jesuskind lag. Wilm schnupperte in der Luft und fand das alles sehr seltsam. Die da drin in dem halben Stall sahen nach Mensch aus, aber rochen ganz anders. Eher wie das Zeug, mit dem die Holzstapel im Wald manchmal zugedeckt waren. Nicht gut.

Probehalber stupste er den einen, der ganz außen stand, an. Nur ganz leicht. Der fiel einfach um, ohne ein Wort zu sagen, direkt auf Wilm drauf, und irgendetwas Hartes, Glänzendes traf ihn am Kopf, bevor es davonrollte und im Stroh verschwand.

Vor lauter Schreck stieß Wilm gleich danach noch den Eimer mit dem Kraftfutter um, und der Igel rollte raus und schlief immer noch. Damit war es dann aber schnell vorbei, denn er wurde unter einem Schweinepo begraben, weil Wilm stolperte und sich auf ihn draufsetzte. Davon wurde der Igel sehr wach.

Aber Wilm hatte es schlimmer getroffen. Wer sich schon mal auf eine Haarbürste mit Stacheln gesetzt hat, die unter seinem Bettlaken versteckt war, der weiß das. Und Igelstachel an Wildschweinborste,

16

das hält ganz schön gut. Da konnte Wilm hin und her hüpfen, wie er wollte, und von rechts nach links, er kriegte den Igel doch nicht los. Da mussten die Mollies ran und beide retten.

„Der riecht wirklich doll", stieß die eine Mollie zwischen ihren zusammengebissenen Zähnen hervor. Sie konnte ihr Maul nicht aufmachen, weil sie die Igelstacheln mit den Zähnen gepackt hielt, um den Igel von Wilm zu befreien und Wilm vom Igel.

Dem Igel war das mit dem Riechen sehr peinlich, weil er nicht wusste, ob er gemeint war oder Wilm oder sie beide. Denn er roch selber auch ziemlich doll, so wild und nach Wald eben. Nur ein bisschen weniger als Wilm, weil er kleiner war.

Kleine Stinkbomben riechen auch weniger als große.

Und die andere Mollie, die mit ihren Zähnen das Hinterteil von Wilm festhielt, an dem der Igel steckte, quetschte ein „Wir werden uns schon noch daran gewöhnen" raus.

Sie kannte das von den Hütehunden. Die rochen auch nicht gut, aber mit der Zeit merkte man das nicht mehr so, weil man sich eben daran gewöhnt hatte.

Aber bevor sie sich jetzt schon dran gewöhnen konnte, waren Wilm und der Igel voneinander befreit und saßen jeder in einer Ecke von der Lebenden Krippe. Der eine tätschelte vorsichtig seinen Po und der andere seinen Kopf.

In dieser Nacht konnten weder Edgar noch Wilm schlafen.

Edgar lehnte am Gatter und träumte vom Dings, mit offenen Augen, damit er es vor sich sehen konnte. Er überlegte, ob er Wilm davon erzählen sollte. Aber bestimmt hätte der ihm niemals geglaubt. Und er hätte es ihm auch nur schwer beschreiben können.

Und Wilm war wach, weil er nachts gerne wach war und weil der

Mond so hell schien und weil er sich nach dem Wald sehnte. Aber vor allem, weil er auf den Typen achtgeben musste, der sich vor der Lebenden Krippe herumtrieb. Der war ihm nämlich nicht geheuer. Er lehnte die ganze Zeit bewegungslos am Zaun und drehte sich nie nach ihm um. Da konnte Wilm schnaufen, soviel er wollte. Der Typ hatte einen riesengroßen viereckigen Kopf, von dem man nur die graue Hinterseite sah, und stand auf einem Bein. Ansonsten war er spindeldürr und schwieg die ganze Zeit.

Total komisch.

Die ganze Nacht behielt Wilm den Typen im Auge, und erst als es hell wurde, schlief er endlich ein. Er schnarchte so laut, dass die Kindergartenkinder, die den Weihnachtsmarkt besuchten, einen großen Bogen um die Lebende Krippe machten, weil sie dachten, da würde neuerdings ein Ungeheuer wohnen. Die Mollies standen am Zaun, mit Wollbüscheln in den Ohren gegen Wilms entsetzliches Geschnarche, und waren sauer, weil ihnen die Kinder fehlten. Sie waren sonst immer so nah an den Zaun herangekommen, dass man ihre weichen Felle durch die Zaunlatten hindurch hatte anknabbern können. Und dabei wurde man sogar noch gestreichelt.

Erst am späten Vormittag wurde Wilm wach. Er schubberte sich gähnend am Zaun und roch noch doller als vor dem Schlafengehen. Wie nasses Fell, das man in alte Socken gesteckt hat. Das mag man sich gar nicht richtig vorstellen.

Edgar und die Mollies verdrückten sich hinter den Stall, so weit weg wie möglich von diesem Geruch, und deshalb sahen sie auch nicht, was Wilm sah, als er richtig wach war. Wilm sah nämlich, dass der Typ, der immer noch am Zaun lehnte, das Futter vertrieb. Die allermutigsten Kinder, die extra herkamen, um ein echtes Wildschwein in der Krippe zu füttern, ließen sich von ihm verjagen. Dafür musste der noch nicht mal was sagen. Das ging ganz ohne Worte.

Die Kinder liefen Richtung Zaun, um Wilm ein Stück von ihrem Wurstbrot oder ihrer Käsestulle abzugeben, echt leckere Sachen. Aber noch bevor sie bei ihm waren, riefen die ausgewachsenen Menschen, die immer in der Nähe der Kinder herumlungerten: „Nein!", und deuteten auf den Typen. Die Kinder zuckten zurück und steckten sich ihr Wurstbrötchen selbst in den Mund, und der Typ schwieg zufrieden.

Am Nachmittag erfuhr Wilm endlich, wie er hieß. Ein kleines Mädchen verriet es ihm. Es kam ganz nahe zu Wilm heran, schob sich sein Käsebrot in den Mund und zeigte auf den Typen.

„Da steht FÜTTERN VERBOTEN", sagte es, und weil es den Mund so voll hatte, feuerte es beim Reden kleine Brotgeschosse auf Wilm ab. Aber Wilm hatte es trotzdem verstanden.

Von da an kannte er seinen Feind. Und wer seinen Feind kennt, kann Maßnahmen gegen ihn ergreifen.

Genau das hatte Wilm vor.

Denn wenn jemand im Wald aufgewachsen ist, weiß er, dass man seine Probleme selber klären muss. Da kommt kein Schäfer vorbei und hilft einem.

Wilm wartete bis zum späten Abend. Bis der Weihnachtsmarkt geschlossen war und der Schäfer sie besucht hatte. Der Schäfer hatte alle Tiere außer dem Igel gefüttert und den Eimer mit dem Kraftfutter aufgefüllt, den Wilm umgekippt hatte, er hatte den einen, der umgefallen war, wieder aufgestellt und das Stroh von seinen Kleidern geklopft. Er war sogar in die hinterletzte Stallecke gekrochen, um das goldene Etwas aufzuheben, und hatte es dem einen aufgesetzt. Und dann war er wieder weggefahren und hatte ganz schön sauer ausgesehen.

Wilm stellte sich direkt neben den frisch aufgestellten einen und achtete sehr darauf, ihn nicht wieder anzustupsen.

„Rudeltreffen! Jetzt gleich bei dem mit dem goldenen Dings!"

„Kenn ich nicht."

„Einer von den Königen! Der ohne Weihrauch", sagte Mollie.

„Weiß ich doch. Aber wer ist der Rudel?", fragte Edgar.

„Das Rudel!", sagte Mollie. „Heißt so viel wie Herde."

„Herdentreffen!", ergänzte die andere Mollie.

Die Mollies kannten das von den Hütehunden. Die waren auch ein Rudel.

Der Igel sagte nichts. Igel sind Einzelgänger.

„Na, dann eben Herdentreffen", grunzte Wilm. „Hauptsache, ihr kommt. Ist nämlich wichtig. Es geht um unseren Feind!"

Von einem Feind hatten Esel, Schafe und Igel bisher noch gar nichts gewusst. Deshalb kamen sie alle. Denn seine Feinde sollte man kennen. Der Igel trudelte allerdings erst zehn Minuten später ein, und das ganz mit Absicht, weil er weder zu einer Herde noch zu einem Rudel gehören wollte.

Als sie vollzählig waren, erzählte Wilm vom Feind. Er musste sehr laut sprechen, weil Edgar und die Mollies und der Igel ziemlich weit weg von ihm stehen geblieben waren. Ihr wisst schon, warum.

„Der Typ", sagte Wilm, „hängt Tag und Nacht am Zaun rum und vertreibt das Futter!"

„Kann man nichts machen", sagte Edgar. „Der lehnt da schon seit ein paar Jahren."

„Wir sollten mal mit ihm reden", meinte Wilm.

„Der redet nicht", sagte der Esel.

„Weil er uns nicht sieht", antwortete Wilm. „Wir müssten ihm Auge in Auge gegenüberstehen."

„Und dann sagen wir ihm, dass er das Futter nicht mehr wegschicken soll", sagte Mollie, die plötzlich ganz schön Hunger hatte. Sie hatte zu wenig Mantelfutter gefressen, weil Wilm zu laut geschnarcht und die Kinder verscheucht hatte.

Und die andere Mollie sagte: „Wenn er einsichtig ist, geben wir ihm vielleicht auch was ab."

Edgar stöhnte. „Wie wollt ihr ihm Auge in Auge gegenüberstehen, wenn er sich nicht umdreht?", fragte er.

„Wir müssen uns vor ihn hinstellen", sagte Wilm. „Und wenn er uns nicht zuhört, schubsen wir ihn um."

„Vergesst es", brummte Edgar. „Dazu müsstet ihr über den Zaun. Und das hat noch keiner geschafft. Dafür müsste er fliegen."

Die Mollies und der Igel schauten sich ratlos an. Wenn Edgar das sagte, musste es stimmen. Im Vergleich zu Edgar waren sie alle Jungspunde. Küken. Noch grün hinter den Ohren und allerhöchstens nassforsch. Vor allem natürlich Wilm. Halb groß und halb klein, wie er war.

Aber das war für den noch lange kein Grund, sich zurückzuhalten.

„Ich schaff das!", sagte er. „Mit links!"

„Schweine können nicht fliegen", sagte Mollie.

Und die andere Mollie seufzte und sagte: „Leider." Weil sie sich das eigentlich ganz schön vorgestellt hätte: ein fliegender Wilm. Der wäre weiter weg und würde nicht so riechen, und trotzdem wäre er irgendwie noch da, damit man sich an ihn gewöhnen konnte.

„Ich kann alles!", sagte Wilm. „Ich bin Superschwein! Ich spring da rüber!"

Und Superschwein lief bis ganz nach hinten ans Ende vom Stall, um richtig viel Anlauf nehmen zu können, und dann raste es los. Es pfiff richtig ab, quer durch die Lebende Krippe, an den Mollies und an Edgar und an dem Igel vorbei. Und bremste. Direkt vorm Zaun. Ein mordsmäßiger Bremser. Mit aufgewirbeltem Staub und allem. Edgar musste husten, und den Mollies tränten die Augen.

„Falscher Huf", erklärte Superschwein und tänzelte ein Stück zurück. „Vielleicht doch besser mit rechts."

Es lief noch weiter nach hinten. Bis dahin, wo die Lebende Krippe eigentlich schon zu Ende war und nur noch ein paar Strohballen herumlagen. Von dort rannte es wieder los, an allen anderen vorbei und noch schneller als vorhin und fast so schnell wie ein Schweineblitz und wieder direkt auf das Gatter zu.

Superschwein, go!

Dieses Mal sprang es mit dem rechten Huf ab und schwebte in der Luft. Die Mollies hätten den Atem angehalten, wenn die Zeit dafür gereicht hätte. Sie reichte aber nicht. Denn der rechte Huf war auch falsch, und Superschwein krachte gleich wieder runter. Wildschweine können nicht gut mit einem Huf abspringen, das hätte ihm seine Mutter oder ein anderer aus der Verwandtschaft ja ruhig mal sagen können.

Aber eigentlich war das jetzt auch egal. Denn der Zaun war kaputtgegangen. Mitten durchgekracht war er, als Superschwein draufgeknallt war. Wie beim Karate.

Und jetzt konnte jeder raus oder rein, wie er wollte.

„Wow", sagte Mollie und riss die Augen auf. Die andere Mollie machte das Gleiche.

Ein Mordsschwein hatten sie da!

Wilm rappelte sich auf, rieb sich den Schweinepo und verbeugte sich in die Runde. Dann stieg er mit steil erhobenem Schwanz durch die riesige Öffnung, die er ins Gatter geschlagen hatte. So, als ob er von Anfang an nichts anderes vorgehabt hätte, als ein Loch in den Zaun zu sprengen. Kaum war Wilm durch das Gatter stolziert, schwenkte er seinen Schweineschädel in einem kühnen Bogen nach hinten, wo das normale Volk stand, also in dem Fall die Schafe, der Igel und der Esel, und fragte: „Und? Kommt ihr endlich?"

Kein Zittern war in seiner Stimme zu hören, obwohl es auf dem Weihnachtsmarkt schon richtig dunkel war und so viele komische Schatten rundherum … Und dann der Feind, ganz in der Nähe … Ihr wisst schon.

Das Abenteuer kann einen nämlich ganz schön erschrecken, wenn es da ist.

„Keiner kann hier raus", wiederholte Edgar, weil er das mit Super-schwein und dem Zaun nicht richtig mitgekriegt hatte.

Vorsichtig schlichen die Mollies durch den kaputten Zaun bis zu Wilm, und der Igel folgte ihnen. Zu viert marschierten sie zum Feind und bauten sich vor ihm auf.

Der Feind sah ziemlich schrecklich aus: finstere Augenbrauen und breites Grinsen.

Die vier sahen ihn unschlüssig an.

Schließlich nahm Mollie all ihren Mut zusammen und fragte: „Herr FÜTTERN VERBOTEN, könntest du damit aufhören, das Futter zu verjagen?"

Und die andere Mollie schlug vor: „Du könntest dich doch woanders hinstellen!"

„Oder geh mal schlafen", sagte der Igel.

Der Feind reagierte nicht. Er bleckte nur weiter seine Zähne und starrte sie an.

Die vier starrten zurück.

„Er ist tot", sagte Mollie nach einer ganzen Weile. „Nur Tote bewegen sich nicht."

„Nein", sagte Wilm. „Der ganze Wald ist voll von welchen, die sich nicht bewegen. Nur sind die normalerweise grün und nicht grau. Bei denen musst du total aufpassen. Denn wenn sie sich lange, sehr lange nicht bewegt haben, zappeln sie plötzlich, und es knallt. Und dann bist du tot, und sie überhaupt nicht."

„Aber er ist kalt", sagte der Igel, der mutig genug gewesen war, das Bein vom Feind mit seiner Nase anzustupsen. „Wenn wer so kalt ist wie der, ist er doch tot."

„Das liegt daran, dass er kein Fell hat", meinte Mollie.

„Wir sollten ihn schubsen", sagte die andere Mollie. „Wenn er umfällt, ist er entweder tot oder nicht."

Und weil der Feind weiter stumm blieb, war Wilm wieder Superschwein. Er nahm mordsmäßig Anlauf, von weit hinten, wo es sehr lecker roch, rannte los und knallte gegen den Feind. Direkt in ihn rein. Volle Lotte!

Der Feind wehrte sich überhaupt nicht. Er fiel sofort um. Es schepperte, als er zu Boden krachte. Bei Wilm schepperte es auch, aber im Schädel. Weil der Feind sofort umgefallen war, war Wilm ungebremst in den Zaun gekracht. Jetzt hatten beide eine Beule, der Zaun und Wilm.

Die Mollies und der Igel schnüffelten am Feind, der reglos am Boden lag. Eigentlich roch er gar nicht schlecht. Ein bisschen wie der Futtereimer, nur ohne Futter. Man konnte ihn auch nicht fressen. Mollie hatte es probiert und mal oben am Kopf ein bisschen genagt. Hart wie Stahl war der.

„Jetzt wissen wir es wenigstens", sagte Mollie.

„Was denn?", fragte der Igel.

„Dass er vielleicht tot ist, vielleicht aber auch nicht", sagte die andere Mollie. „Könnte ja auch sein, dass er nur schläft."

Der Igel nickte. Das mit dem Schlafen verstand er.

Wilm schüttelte sich, bis wieder Ordnung in seinem Schädel herrschte, und dann sah er sich um und war sehr zufrieden. Der Feind war aus dem Weg geräumt, und das mit dem Futter sollte morgen problemlos über die Bühne gehen können.

„Zurück zum Stall!", kommandierte er.

Doch da kannte er die Mollies schlecht. Die waren nämlich neugierig geworden. Ein Feind, der außer Gefecht gesetzt war, war die eine

Sache. Aber die noch viel bessere war ein Weihnachtsmarkt, auf dem die Menschen verschwunden waren und einem plötzlich alle Hütten offen standen, aus denen es so gut nach Fressen roch.

Fressen … süß und sauer und quietschbunt und hart und weich und wie Sahne und wie Butterklee und wie …

„Honigwaffel", sagte die eine Mollie. Das Wort kannte sie vom Zaun. Da war ein Mädchen gewesen, das hatte es gesagt: „Honigwaffel." Und Mollie eine hingestreckt. Sie schmeckte so himmlisch, dass Mollie beim Kauen das Gefühl hatte, es würden rosa Wölkchen aus ihren Ohren steigen. So lecker war das gewesen.

Aber das war schon lange her. Das war, bevor es den Feind gegeben hatte.

„Ich will zu der Honigwaffel!", sagte Mollie.

Und die andere Mollie nickte. Auch wenn sie damals nichts von der Honigwaffel abgekriegt hatte und deshalb eigentlich immer noch ein bisschen sauer war.

„Okay", sagte Wilm, „dann mischen wir jetzt den Weihnachtsmarkt auf."

Mit Aufmischen kannte er sich aus, halb groß und halb klein wie er war.

„Edgar soll aber mit!", sagten die Mollies gleichzeitig und rannten in die Krippe zurück, um ihn zu holen.

Aber Edgar war nicht mehr da.

Den Mollies sackte das Herz ins Hinterbein. Eine Lebende Krippe ohne Edgar, das ging gar nicht. Ohne Edgar waren sie einfach nur zwei schäferlose Schafe mit einem wilden Schwein und einem wilden Igel.

Sie mussten ihn wiederfinden.

„Keine Sorge!", rief Wilm. „Immer mir nach! Ich kann den schon von Weitem riechen."

Die Mollies liefen Wilm hinterher und überlegten, ob Edgar vielleicht genauso doll roch wie Wilm und dass sie es nur nicht mehr merkten, weil sie sich schon daran gewöhnt hatten. Und der Igel lief hinter Wilm her und überlegte, ob er sich nicht vielleicht besser wieder an dessen Hinterteil stecken sollte, weil es doch sehr anstrengend war, den dreien auf seinen kurzen Igelbeinen hinterherzurennen.

Sie liefen kreuz und quer über den Weihnachtsmarkt. Die kleinen Hütten, aus denen es so gut roch, waren dunkel und verrammelt und sahen alle genauso gleich aus wie die Mollies. Sie standen dicht an dicht nebeneinander und bildeten ein richtiges Labyrinth. So eins wie im Maisfeld, in dem sich Wilm mal verirrt hatte. Aber da hatte ihm wenigstens seine Nase geholfen, in den Wald zurückzufinden.

Er hatte immer nur da entlanglaufen müssen, wo es am meisten nach zu Hause roch. Aber hier roch es überall fremd und viel zu doll, wurstig und blumig und kräuterig und nicht wie im Winter und auch nicht wie im Frühling oder Sommer oder Herbst, sondern wie alles auf einmal.

Wie sollten sie Edgar da jemals finden?

Traurig setzten sich die vier auf den Boden, genau neben die Hütte, aus der es nach Honigwaffeln roch. Aber den Mollies war jeder Appetit vergangen, und außerdem waren die Hütten ja sowieso alle verrammelt.

Und vielleicht hätten sie den Esel auch wirklich nie mehr gefunden, wenn nicht plötzlich ein entsetzliches Weinen zu hören gewesen wäre. Es drang durch die engen Gassen des Weihnachtsmarkts, es legte sich wie eine schwere, bleierne Decke über alle Hütten, es kroch

wie fieser, feuchter Nebel über den Boden, und es zerschnitt die
Dunkelheit.

„Edgar!", riefen die Mollies.

Denn so schauderhaft schrecklich konnte nur ein Esel weinen.
Wieder liefen sie los, die Mollies vorneweg und Wilm in der Mitte
und der Igel ganz hinten. Fast wäre auch er verloren gegangen, aber
zum Glück drehte sich Wilm nach ihm um und sah, dass er schon
ganz weit zurückgefallen war. Er machte kehrt und hob ihn auf und
setzte ihn auf seine lange Wildschweinschnauze. So nett war Wilm.
Dann rannte er wieder los, den Mollies hinterher, und der Igel
thronte da oben auf seiner Schnauze und sah aus wie eine wacklige,
stachlige Riesenwarze.

Und gerade als Wilm die Mollies wieder eingeholt hatte, bremsten
die ab. So abrupt, dass Wilm auf sie draufkrachte und der Igel in
hohem Bogen davonflog.

„Aua", schimpften die Mollies.

Aber dann waren alle still. Denn ganz am Ende der langen Gasse, die
von den kleinen Hütten gebildet wurde, stand ein großer grauer Esel
im bleichen Licht des Vollmonds. Er hatte den Kopf in den Nacken
gelegt und weinte und weinte.

In dem Moment, als sie bei Edgar angelangt waren, erkannten sie es.
Das heißt, die Mollies erkannten es. Wilm wusste ja von nichts,
und der Igel war weg. Aber die Mollies begriffen, dass sie vor dem
riesigen, runden Dings standen, von dem Edgar immer gesprochen
hatte und an das sie nie geglaubt hatten. Das Dings mit Musik.

Es war genauso wunderschön, wie der Esel es ihnen beschrieben
hatte. Ein Traum von Dings mit Pferden und mit Autos und Motorrädern und mit einem Etwas, das aussah wie das, das mal bei ihnen

auf der Weide vom Himmel herabgekommen war. Das war, als sich ihr Schäfer beim Scheren ins Bein geschnitten hatte und überall, aber wirklich überall Blut gewesen war. Danach mussten sie zwölf Tage ohne Schäfer auskommen, und die Hunde hatten sich furchtbar aufgespielt.

Alles auf dem Dings war aber viel kleiner, als sie es von zu Hause kannten, auch die Pferde. Die waren kaum größer als ein Hütehund. Aber eines war anders, als Edgar es ihnen erzählt hatte: Das Dings drehte sich nicht, und es spielte keine Musik. Die Autos und Motorräder und Pferde bewegten sich kein Stück, und keine Bilder tanzten mehr zu keiner Melodie.

Der Traum vom Dings war tot.

Die Mollies verstanden, dass Edgar deshalb so bitterlich weinte.

Aber das konnten sie so nicht durchgehen lassen.

Denn manche Träume brauchten einfach ein bisschen Bewegung, vor allem, wenn sie schon so alt waren, und dann musste man ihnen auf die Sprünge helfen. Und dafür war es ein Riesenglück, dass Wilm dabei war. Denn nur ein Superschwein war kräftig genug, das Dings zum Leben zu erwecken.

Vorsichtig nahmen die Mollies den weinenden Esel zwischen sich und führten ihn die kleine Treppe rauf, die außen am Dings befestigt war und über die man zu den Pferden und den Autos und den Motorrädern gelangte. Sie setzten ihn in eine von den Kutschen, die von zwei kleinen Pferden gezogen wurden. Das war ziemlich schwierig, weil die Kutsche so winzig war. Sie mussten Edgar ganz schön reinquetschen.

Es war so eng, dass er sogar aufhörte zu weinen.

Die Mollies kletterten wieder vom Dings herunter, und Superschwein war an der Reihe. Er drückte seinen dicken Schweineschädel gegen die kleine Treppe, die am Dings herausragte, und ging mit der Treppe vor dem Kopf immer geradeaus. Aber wenn man bei etwas Rundem immer geradeaus geht, läuft man im Kreis. So einfach ist das. Superschwein lief Runde für Runde für Runde immer im Kreis, und immer schneller, sodass die Pferde auf dem Dings zu galoppieren anfingen und die Autos und Motorräder an den Mollies vorbeirasten, und die Bilder, die innen auf das Dings gemalt waren, begannen wie wild zu tanzen. Und tatsächlich gab es sogar Musik. Das kam, weil die kleinen Glöckchen, die zu Tausenden unter dem bunten Dach vom Dings aufgehängt waren, ganz wunderschön vor sich hin bimmelten, als Edgar in seiner kleinen Kutsche im Kreis fuhr und vor lauter Glück wieder anfing zu weinen, aber diesmal ganz leise.

Und was war mit dem Igel passiert? Als Wilm gegen die Mollies gekracht war, war er direkt von der Schweinenase zurück in den Futtereimer in der Lebenden Krippe katapultiert worden. Dort schlief er sanft und selig. Igel haben es nicht so mit Musik und Sachen, die sich drehen.

Edgar aber saß in seiner kleinen Kutsche und fuhr immer rundherum, und rundherum fuhr auch das Dings, und rundherum lief Wilm, während die Mollies am Rand standen und Edgar zuwinkten und eine kleine Melodie summten, die sie sich eben ausgedacht hatten. So fuhren und rannten und summten sie, eine ganze Winternacht lang. Und nur der Vollmond hat ihnen zugeschaut.

Leckereien vom Weihnachtsmarkt

Liebesäpfel

6 große Äpfel
550 g Zucker
5 EL Wasser
2 TL rote Lebensmittelfarbe
1 TL Zitronensaft

Die Äpfel waschen und gut abtrocknen, Stiele entfernen und in jeden Apfel ein stabiles Holzstäbchen vorsichtig von oben hineinstechen.
In einem Topf das Wasser, den Zucker und den Zitronensaft langsam auflösen, währenddessen die Speisefarbe hinzugeben und gut untermischen. Unter Rühren so lange kochen lassen, bis sich der Zucker vollständig aufgelöst hat und das Ganze dickflüssig wird. Vom Herd nehmen, wenn der Sirup klar geworden ist.
Ein großes Tablett oder Brett mit Zucker bestreuen, auf dem die Äpfel trocknen können. Die Äpfel in die Masse tauchen und so lange drehen, bis sie vollkommen von dem Sirup bedeckt sind.
Mit Stiel nach oben auf das Zuckertablett stellen und abkühlen lassen.

Fruchtiger Weihnachtspunsch

350 ml Kirschtee (oder anderen Früchtetee)
400 ml Apfelsaft
400 ml Kirschsaft
3 große Stücke Kandiszucker
1 Päckchen Glühweingewürz

Aus 2 Teebeuteln oder entsprechender Menge losem Tee den
Früchtetee kochen. Während der Tee zieht (ca. 8 Minuten), den
Kandiszucker darin auflösen, das Glühweingewürz mitziehen lassen.
Mit Apfel- und Kirschsaft auffüllen, alles zusammen erhitzen.
Eine Spalte Apfel oder Orange in jedes Teeglas geben und mit dem
Punsch auffüllen. Schmeckt auch Erwachsenen!

Susanne Weber

Budenzauber

Es ist schon dunkel, wir verlassen das Haus.
Draußen ist's kalt, ich will gar nicht raus.
In den Straßen braust dichter Verkehr,
und die Leute laufen ganz hektisch umher.
Ein paar schleppen schwere Pakete herum,
grimmige Blicke, die Buckel sind krumm.
Ein eisiger Wind weht jäh um die Ecke,
wie gern wär ich im Bett, unter der Decke.

Plötzlich höre ich leises Gebimmel,
rundherum herrscht dichtes Gewimmel.
Da ist ein Mann in rotem Gewand,
er hat einen Sack und reicht mir die Hand.
Ich gehe schnell weiter, auf das Licht zu,
hoffentlich lassen mich alle in Ruh.
Jetzt kommt ein Tor, ich trete hindurch,
für einen ganz kurzen Moment ist es ruhig.

Zarte Flocken rieseln leise vom Himmel,
dazwischen wieder Glockengebimmel.
Vor mir steht ein Baum, oben ein Stern,
es glitzert und flackert, das hab ich gern.
Ich sehe Lametta und goldene Lichter
und immer mehr vergnügte Gesichter.
Der Duft von Zimt weht mir um die Nase,
was bin ich doch nur für ein Angsthase!

Fruchtiger Punsch wärmt mir nun die Hände,
er kommt von einem der leuchtenden Stände.
Ich beiß in den Apfel, rot und kandiert,
und blicke mich um, was noch so passiert.
Ganz in der Mitte steht ein Karussell,
die Kinder drehn sich darin ganz schön schnell.
Ich seh, wie sie lachen, und lächele auch,
habe ein glückliches Kribbeln im Bauch.

Weihnachtslieder erklingen sehr zart,
da ist ja schon wieder der Mann mit dem Bart.
Er kommt auf mich zu und greift in den Sack,
im Mund hab ich noch den süßen Geschmack.
Er streckt seinen Arm, ich nehm das Paket,
auf dem groß und breit mein Name steht.
Ich danke dem Weihnachtsmann und sage mir:
Was für ein herrlicher Ort ist das hier!

Erhard Dietl

Besuch aus dem Weltall

Am 24. Dezember Zweitausendirgendwas rasten zwei Außerirdische mit einem Raumschiff durch die Milchstraße. Ihr Ziel war der blaue Planet Erde.

Es war das erste Mal, dass sie den Blauen Planeten ansteuerten, und verständlicherweise waren sie beide ein wenig nervös.

„Ziiiiiiii Miiiiii Riiiiii Viiiii!", befahl Alien Alpha dem Bordcomputer. Das hieß: „Landung vorbereiten … zur Verteidigung bereit machen … Abwehrkanone und Kampflaser aktivieren …"

Das Raumschiff war nicht größer als eine Käseschachtel, und auch die beiden Aliens waren ziemlich klein, kaum größer als die Hummeln auf dem Planeten Erde.

Sie sahen aus, wie man sich Aliens so vorstellt, hatten rüsselartige Nasen, erstaunlich große Ohren und neugierige Augen. Ihre grünlichen Körper waren vollkommen glatt, und aus dem Kopf ragten zwei spitze Antennen.

Als sie in die Erdatmosphäre eindrangen, gab es einen kräftigen Ruck, und das kleine Raumschiff bremste ab auf 2 000 Stundenkilometer.

Sie waren für Notfälle gut vorbereitet und entsprechend ausgerüstet. Ihre Laserkanone konnte einen ganzen Schwarm Abwehrpfeile über den Himmel jagen und auch größere feindliche Objekte in Sekundenbruchteilen zerbröseln.

Lautlos glitt das Raumschiff durch die Nacht. Es war angetrieben von dunkler Energie und für das menschliche Auge vollkommen unsichtbar.

Als sie sich der Erde bis auf einen Kilometer genähert hatten, drosselten sie noch einmal ihre Geschwindigkeit und suchten nach einer geeigneten Landebahn.

Endlich meldete der Bordcomputer: „Ziel erreicht … Passende Landefläche gefunden …"

Es war das Dach vom Bratwurststand Glöckelmeier.

Leicht vibrierend stand das Raumschiff da, und wer ganz genau hinhörte, vernahm einen hohen, schrillen Pfeifton, ähnlich dem einer Hundepfeife.

Irgendwann öffnete sich eine Klappe, und die beiden Aliens schwebten heraus. Sie setzten sich vorn an den Rand des Würstelstands, guckten vorsichtig nach unten und peilten die Lage.

„Piiiii Piiiii Piiiii", sagte Alien Beta, was so viel hieß wie: „Na, so was! Schau dir das an, Sternenbruder!"

Vor ihnen lag der Christkindlmarkt von Pfannenhausen.

Was war das für ein Geschiebe und Gedränge! Tausende Menschen wuselten da herum und wälzten sich durch die engen Gassen des Weihnachtsmarktes. Eine so große Anzahl Erdlinge hatten die Aliens nicht erwartet.

„Aufpassen, Sternenbruder!", warnte Alien Alpha. „Sie sind sicher bewaffnet!" Seine Radaraugen hatten damit begonnen, die Erdlinge einzeln abzuscannen.

„Ich kann keine Bewaffnung erkennen", meinte Alien Beta.

„Die Erdlinge sind erstaunlich groß", sagte Alien Alpha. „Sie könnten uns zermalmen!"

Sie sogen den Duft der Bratwürste in ihre Rüsselnasen und blickten mit großen Augen auf die vielen Sterne und weihnachtlichen Lichterketten, die hier überall an den Buden hingen. Ein haushoher Tannenbaum war übersät mit leuchtenden Kerzen und erinnerte sie an die Lichter der Milchstraße.

„Was tun sie da alle?", fragte Alien Alpha verwundert.

Die Erdlinge liefen scheinbar planlos hin und her, blieben hin und wieder stehen und betrachteten die Strohsterne, die kleinen Engelfiguren und Nussknacker, die bunten Räuchermännchen und Krippenfiguren.

„Sie scheinen sehr interessiert an diesen kleinen Gegenständen", bemerkte Alien Beta. „Vielleicht ist das Nahrung?"

Manchmal sahen sie einen der Erdlinge nach so einem Gegenstand greifen, dann stellte er ihn wieder zurück, oder er tauschte ihn gegen runde Metallstücke und trug ihn fort.

„Ich glaube, wir können uns entspannen", meinte Alien Beta. „Sieht so aus, als wären sie nicht aggressiv."

„Na ja", sagte Alien Alpha. „Trotzdem sollten wir vorsichtig sein."

Alien Beta zückte ein winziges elektronisches Notizbuch und begann zu notieren:

Die Erdlinge scheinen auf den ersten Blick harmlos zu sein. Ihre erstaunlich großen Erdlingskörper sind zum Schutz mit weichen Materialien bedeckt. Viele von ihnen haben auch ihre Köpfe an der Oberseite geschützt. Wovor schützen sie sich?

Die beiden Aliens trugen keine Kleider. Obwohl es ein lausig kalter Dezembertag war, störte sie das nicht, denn gegen Temperaturen waren sie ziemlich unempfindlich. Erst ab minus 22 000 Sternograden wurde es ihnen unangenehm, aber so was kam nur sehr selten vor.

„Ich denke, wir können näher rangehen", meinte Alien Beta.

Sie schwebten vom Dach und ließen sich ein Stück weiter unten auf einem länglichen, weichen Gegenstand nieder. In der Mitte einer schönen fetten Rindsbratwurst, die da auf dem Rost vor sich hin schmurgelte.

Starke Geruchsentwicklung, notierte Alien Beta. *Süßlicher Geruch, vielleicht tierischen Ursprungs. Bodentemperatur ziemlich hoch, 62 178 Sternograd …*

Auf einmal kreischte Alien Alpha erschrocken auf: „Achtung! Angriff!"

Alien Beta ließ vor Schreck beinahe sein Notizbuch fallen.

Eine spitze Waffe stieß von oben auf sie herab. Der Überfall kam völlig unerwartet und geschah im Bruchteil einer Erdlingssekunde.

Sie sahen die eiserne Wurstgabel der Verkäuferin Elfriede auf sich zuschießen.

„Weg hier!", kreischte Alien Alpha.

Wie zwei aufgescheuchte Fliegen hoben sie blitzschnell ab und retteten sich hinüber zum Senfkessel.

„Puh! Das war knapp, Sternenbruder", sagte Alien Beta erleichtert.

Sie sahen, wie die Bratwurst, auf der sie eben noch gestanden hatten, vom Rost gehoben und über die Theke gereicht wurde. Ein kleinerer Erdling nahm sie in Empfang, schob sie in seine Mundöffnung und biss kräftig hinein.

Vorsichtshalber verließen sie diesen gefährlichen Ort. Sie schwebten über den Köpfen der Erdlinge hin und her und besahen sich das bunte Treiben von oben.

Alien Beta schrieb weiter an seinem Bericht:
Erdlinge schieben sich weiches Material in eine Mundöffnung, tippe auf Nahrungsaufnahme. Erdenbewohner treten in Massen auf. Sie schweben nicht und bewegen sich aufrecht auf zwei Beinen sehr langsam vorwärts. Sie haben kleine beleuchtete Behausungen, die angefüllt sind mit unerklärlichen Gegenständen.

Ihre kleinen, heißen Alienkörper dampften in der winterlichen Kälte, doch man sah nur einen zarten Hauch, und es fiel nicht weiter auf.
„Wie schön!", sagte Alien Beta und zeigte auf die schillernden Christbaumkugeln, die überall in großen Mengen in den Buden hingen. Diese Kugeln erinnerten an einige Planeten, die sie auf ihrer langen Reise durchs Weltall gesehen hatten.
Sie staunten auch über das bunte Karussell und die lauten Musikgeräusche, die von dort zu hören waren. Diese merkwürdigen Töne konnten sie sich nicht erklären. Sie gingen ihnen durch Mark und Bein und versetzten ihre kleinen Alienkörper in angenehme Schwingungen.
„Ich mag das", meinte Alien Alpha, und sein winziger Kopf wackelte ein bisschen im Takt hin und her.
Sie schwebten hinüber zu dem Karussell und setzten sich auf den Kopf eines weißen Schwans.

„Wohin fahren wir?", fragte Alien Alpha.

„Lassen wir uns überraschen, Sternenbruder", sagte Alien Beta.

Sie konnten sich beim besten Willen nicht erklären, wohin diese Reise ging, denn ein Ziel war nicht zu erkennen. Nach zweiundfünfzig Runden wurde es ihnen zu dumm, und sie schwebten weiter zum Glühweinstand.

„Kling, Glöckchen, klingelingeling …!", kam laute Musik aus dem Lautsprecher, und die Aliens spitzten ihre kleinen Ohren und spürten wieder diese angenehmen Schwingungen.

Hier am Glühweinstand standen viele Erdlinge mit kleinen Gefäßen herum, aus denen sie sich rötliche Flüssigkeit in ihre Mundöffnungen schütteten. Alle machten einen sehr fröhlichen Eindruck. Einige hatten sich untergehakt, andere prosteten sich zu oder stießen laute Geräusche aus:

„Hohohohoho! Hahahahaha! Hihihihihi! Hähähähähä!"

Zwei Erdlinge umarmten sich und drückten ihre Münder aufeinander.

„Ein friedliches Bild. Sie scheinen sich sicher zu fühlen", stellte Alien Alpha fest.

„Sie haben anscheinend keine natürlichen Feinde", meinte Alien Beta.

Fünfeinhalb Stunden blieben sie da oben auf dem Glühweinstand sitzen und beobachteten das Treiben der Erdenbewohner. Wobei fünfeinhalb Stunden für einen Alien gar nicht so lang sind, denn Außerirdische haben ein ganz anderes Zeitgefühl.

Sie sahen große Erdlinge kleinere Erdlinge an der Hand herumführen. Die Allerkleinsten saßen oder lagen in rollenden Behältern und wurden von größeren Erdlingen herumgeschoben.

Wieder andere schleppten schwere grüne Pflanzgewächse. Was sie damit wollten, konnten sich die Aliens auch nicht erklären, denn natürlich hatten sie auch von Weihnachtsbäumen noch nie etwas gehört.

Am Ende probierten sie ein Schlückchen Glühwein.

Sie probierten dann auch noch ein zweites und ein drittes, denn es schmeckte ihnen ausgezeichnet.

Leicht benebelt schwebten sie in Schlangenlinien hinüber zum Stand mit den Süßigkeiten. Hier testeten sie die gebrannten Mandeln, die Zimtsterne und Lebkuchen, und Alien Alpha fand die mit Schokolade am besten.

Eine ganze Weile hörten sie zu, wie der Pfannenhausener Weihnachtschor „O du fröhliche …!" sang. Versonnen lauschten sie den Stimmen der Sänger, und ein wohliges Gefühl durchströmte ihre winzigen Körper. Das ungewohnte Gefühl drang tief in ihr Innerstes, und sie konnten es sich nicht erklären.

Doch dann riss sie ein Vibrieren am Handgelenk aus ihren Träumen.

Das Raumschiff meldete sich und verlangte dringend nach einer Bestätigung, dass alles in Ordnung war.

„Mist", brummte Alien Alpha. „Ausgerechnet jetzt!"

„Man sucht uns, Sternenbruder", sagte Alien Beta. „Wir müssen zurück, sonst aktiviert das Raumschiff die Verteidigungssysteme!"

Doch dazu hatten sie jetzt wirklich keine Lust.

„Jetzt nicht", brummte Alien Alpha. Er griff zum Funkgerät an seinem Handgelenk und gab dem Raumschiff die Rückmeldung: „Alles friedlich. Verteidigung unnötig!"

Alien Beta deaktivierte auch den Kampflaser per Funk und setzte die Abwehrkanone außer Betrieb.

Inzwischen hatte es zu schneien begonnen. Millionen weißer Schneeflocken tanzten vom Himmel, und die Aliens fanden das wunderschön. Sie reckten ihre Köpfe zum Himmel und machten ihre kleinen Münder weit auf, um möglichst viele der kalten Flocken einzusaugen. Dann schwebten sie im wilden Zickzack durch das Schneetreiben und versuchten, den Flocken auszuweichen. Immer wenn ihre heißen Alienkörper von einer Schneeflocke getroffen wurden, hörten sie es leise zischen.

„Das macht Spaß!", meinte Alien Alpha, und wenn er gekonnt hätte, dann hätte er sicher dabei gekichert. Doch Außerirdische kichern nicht. So etwas ist ihnen völlig fremd.

Der Weihnachtschor sang jetzt „Stille Nacht, heilige Nacht …", und viele der herumschlendernden Erdlinge blieben stehen und sangen mit.

Die Aliens unterbrachen ihre Jagd nach den Schneeflocken, ließen sich auf der verschneiten Pudelmütze des Chorleiters nieder und lauschten den geheimnisvollen Tönen.

Ganz andächtig standen sie da, und, so gut es ging, versuchten auch sie, ein bisschen mitzusingen.

„Stiiii Niiii Hiiii Niiiiiiii …!", piepsten sie. Es war nicht mehr als ein feines Zirpen, doch es gefiel ihnen sehr.

Als sie so ergriffen vor sich hin zirpten, geschah etwas Merkwürdiges. Wieder spürten sie, wie eine seltsam wohlige Wärme in ihre kleinen Alienkörper strömte. Doch jetzt war es noch stärker als zuvor.

Es war ein wunderbar friedliches Gefühl, wie sie es noch nie erlebt hatten.

„Spürst du es auch, Sternenbruder?", fragte Alien Alpha.

„Wunderschön", sagte Alien Beta leise.

Woher das alles kam, war ihnen vollkommen unerklärlich, denn von

Weihnachtstimmung hatten sie naturgemäß keinen blassen Schimmer. Sie wussten nur, dass dieses herrliche Musikgeräusch am besten nie mehr aufhören sollte.

„Sehr positiv", sagte Alien Alpha versonnen. Und auch als das Lied längst zu Ende war, blieben sie noch eine ganze Weile auf der Mütze des Chorleiters sitzen.

Endlich speicherte Alien Beta einen letzten Zwischenbericht in sein Notizbuch:

Einige Erdlinge geben höchst erstaunliche Geräusche von sich.
Sie dringen tief ins Innerste und erzeugen ein behagliches Gefühl.
Die Erdlinge sind angenehme und friedliche Wesen.
Sie sind unbewaffnet und ernähren sich von Bratwurst, Glühwein
und Lebkuchen.

Nein, „*Bratwurst, Glühwein und Lebkuchen*" schrieb er natürlich nicht. Er hatte ja keinen Schimmer, wie das alles hieß, und so nannte er es einfach mal *Briiiii* und *Gliiii* und *Liiiii*.

Und wie sie das friedliche Weihnachtsgefühl den anderen Aliens zu Hause erklären konnten, das wusste er auch noch nicht.

Das war im Moment auch völlig egal, denn jetzt wollten sie erst mal hierbleiben. Auf diesem wunderbaren Planeten Erde, der sicher noch viele positive Überraschungen für sie bereithielt.

45

Lieder vom Weihnachtsmarkt

O Tannenbaum

Text: Ernst Anschütz (1780–1861), 1819

O Tan - nen-baum, o Tan - nen-baum, wie treu sind dei - ne
Blät - ter! Du grünst nicht nur zur Som-mers - zeit, nein, auch im Win - ter,
wenn es schneit. O Tan - nen-baum, o Tan - nen-baum, wie treu sind dei - ne Blät-ter!

O Tannenbaum, o Tannenbaum,
du kannst mir sehr gefallen!
Wie oft hat nicht zur Weihnachtszeit
ein Baum von dir mich hoch erfreut!
O Tannenbaum, o Tannenbaum,
du kannst mir sehr gefallen!

O Tannenbaum, o Tannenbaum,
dein Kleid will mich was lehren:
Die Hoffnung und Beständigkeit
gibt Trost und Kraft zu jeder Zeit,
o Tannenbaum, o Tannenbaum,
dein Kleid will mich was lehren.

Kling, Glöckchen, klingelingeling

Text: Karl Enslin (1814–1875), 1854

Kling, Glöck-chen, klin-ge-lin-ge-ling! Kling, Glöck-chen, kling! Lasst mich ein, ihr Kin-der! Ist so kalt der Win-ter! Öff-net mir die Tü-ren! Lasst mich nicht er-frie-ren! Kling, Glöck-chen, klin-ge-lin-ge-ling! Kling, Glöck-chen, kling!

Kling, Glöckchen, klingelingeling,
kling, Glöckchen, kling!
Mädchen, hört, und Bübchen,
macht mir auf das Stübchen,
bring euch viele Gaben,
sollt euch dran erlaben.
Kling, Glöckchen, klingelingeling,
kling, Glöckchen, kling!

Kling, Glöckchen, klingelingeling,
kling, Glöckchen, kling!
Hell erglühn die Kerzen,
öffnet mir die Herzen!
Will drin wohnen fröhlich,
frommes Kind, wie selig.
Kling, Glöckchen, klingelingeling,
kling, Glöckchen, kling!

Wundersames Weihnachtswissen

In Deutschland gibt es schätzungsweise 4 500 Weihnachtsmärkte, allein in Berlin sind es 60.

In der Goslarer Altstadt findet man nicht nur einen schönen Weihnachtsmarkt, sondern gleich daneben auch einen zauberhaften Weihnachtswald mit fünfzig festlich beleuchteten Nadelbäumen.

Im Bayerischen Vilshofen schwimmt der Christkindlmarkt auf einem Schiff in der Donau. Dort kann man außerdem die großflächigste Krippe der Welt bestaunen. Sie ist 20 Meter lang, und Josef ist ein Riese: Er misst 3,30 Meter. Damit ist er ungefähr doppelt so groß wie ein durchschnittlicher Erwachsener.

Eine der größten Weihnachtspyramiden steht auf dem Jenaer Weihnachtsmarkt. Sie ist 15 Meter hoch, also etwa so hoch wie ein viergeschossiges Haus!

In Frankfurt am Main befindet sich der größte Weihnachtsmarkt Deutschlands. Drei Millionen Menschen besuchen ihn jährlich – das sind etwa so viele, wie Berlin Einwohner hat.

Der Dresdner Striezelmarkt ist einer der ältesten Weihnachtsmärkte der Welt. 2015 findet er bereits zum 581. Mal statt. Striezel ist das mittelhochdeutsche Wort für Stollen.

Spuren im Schnee

arne rautenberg

der weihnachts-doodle-floh

zur weihnacht die flöhe stets draußen sind
sie warten dass es zu schneien beginnt

die flöhe von allen möglichen wettern
finden schneeflocken super zum klettern

sie wollen hinauf denn sie können vor allem
noch schneller hüpfen als schneeflocken fallen

so springen sie flocke um flocke empor
manch einer stürzt ab und mancher erfor

nur einer der flöhe kommt oben an
hüpft fröhlich ins ohr vom weihnachtsmann

was macht er im ohr was glaubst denn du?
er flüstert dem weihnachtsmann deinen wunsch zu

53

Kristina Andres

Sieben Winter Schnee

Am Rande eines ziemlich schiefen Waldes stand eine ziemlich
schiefe Hütte. Die ganze Schiefheit kam vom starken Nordwind,
der gegen Wald und Hütte blies. Überhaupt stand die Hütte weit
im Norden – und so blieb auch dem Wald nichts anderes übrig,
als sich ziemlich weit im Norden zu befinden. Und wenn eine Hütte
im Norden stand und vor lauter Nordwind ganz schief war, brauchte, wer immer dort wohnte, im Winter, also um Weihnachten herum
und oft auch schon früher, viel Feuerholz, um es warm zu haben.
Normalerweise.
Auf der ziemlich schiefen Haustür – und diese Tür musste einfach
schief sein und noch dazu in der passenden Richtung, ansonsten
hätte ja der Nordwind hereingeblasen – standen nebeneinander zwei
Namen: „Rotte" und „Nero". Das waren ziemlich anständige Namen
für eine Wildsau und ein wildes Kaninchen.
Nero, der von beiden das Karnickel war, hatte, bis auf einen schwarzen Fleck um das linke Auge herum, schneeweißes Fell. So war er
sommers im Wald gut zu sehen und im Winter schwer zu finden.
Rotte dagegen war so grau und borstig, wie es sich für eine Wildsau
gehörte. Man konnte sie nie übersehen, weder im Sommer noch im
Winter, denn Rotte liebte knallrote Kleider mit weißen Punkten.

Wenn also sommers oder winters ein Riesenfliegenpilz durch den Wald sprang, war mit den Pilzen weiterhin alles in Ordnung, sie waren nicht verrückt geworden – es war nur Rotte.

Die Tage vor dem Fest waren die schönsten. Noch freuten sie sich. Noch war der Weihnachtsapfelbraten nicht verkohlt, noch ging ihnen kein Besuch auf den Nerv, noch hatte keiner das falsche Geschenk ausgepackt.

Noch war alles voller Erwartung.

Rotte und Nero verbrachten diese Tage mit Feuerholz. Denn das musste hinein ins Haus, und zwar in rauen Mengen. Schließlich wollten sie deshalb nicht während der Festtage, wenn es drinnen so richtig gemütlich war, vor die Tür gehen müssen. Denn es würde wild schneien, schließlich war es Weihnachten. So hoch, dass die Bäume im Wald dicke Mützen trugen und aussahen wie in einem Wandkalender.

„Was meinst du, Rotte, wie viel wird es zu Weihnachten schneien?", fragte Nero, während er in aller Ruhe Scheit für Scheit in seinen Handkarren stapelte.

„Weiß nicht", brummte Rotte, die ebenfalls stapelte. Und zwar in ihren Karren und außerdem sehr eifrig, sodass die Scheite hart gegen die Karrenwände polterten. „Viel. Auf jeden Fall so viel, dass es kracht."

„Wie viel ist das exakt?", beharrte Nero. Manche Dinge musste er einfach genau wissen.

„So viel wie sieben Winter zusammen", sagte Rotte. Rotte konnte gut bis vier zählen, manchmal bis fünf. Und sie wusste gar, dass sieben eine enorme Zahl war.

Nero wusste, wie viele Zehen er an seinen Pfoten hatte, und er wusste, dass sieben an sich keine so hohe Zahl war, aber in jedem Winter viele, viele Tage steckten.

„Oh ja", flüsterte er andächtig. Sieben Winter. Das war gut. Das würde reichen.

Die Sonne schien, die Wolken bauschten sich. Kalt war es eigentlich nicht, aber das konnte sich schnell ändern.

Sie schoben los. Nero schön langsam. Wozu sich auch beeilen, er würde schon zur rechten Zeit ankommen. Rotte dagegen lief schnell. Sie hatte dreimal so viel Feuerholz auf ihren Karren gepackt, einen ganzen Turm hatte sie sich aufgeladen, und sie schob ungefähr dreimal schneller als Nero. Hastig belud sie den Karren neu, wenn er ihr unterwegs umkippte. Was ungefähr alle drei Meter geschah.

„Blöder Wind!", fluchte sie dann oder: „Es liegt alles nur daran, dass man an einer windigen Stelle lebt!"

Während Nero seine dritte Fuhre ins Haus lud, kam Rotte endlich mit ihrer ersten herein. So ging es den ganzen Tag. Am Abend hatten beide ungefähr die gleiche Menge Feuerholz ins Haus gebracht.

Als sie sich die gemütliche Hütte zur Hälfte mit Holz vollgestapelt hatten, nach einer Woche oder so, fanden sie, es sei genug.

„Rotte, lass uns lieber aufhören, sonst kommen wir nicht mehr an den Herd", sagte Nero.

„Oh", grunzte Rotte. Sie hatte verstanden. Wenn sie nicht an den Herd kamen, konnten sie weder backen noch kochen. Und was waren die Feiertage ohne feines Essen, ohne Gebrutzel in der dicken schwarzen Eisenpfanne, ohne duftendes Blubbern im Topf, ohne Bleche voller ausgestochener Kekse? Und erst die Zuckerschrift! Rotte freute sich schon seit Wochen darauf, die Weihnachtskekse mit Zuckerschrift zu bemalen.

Kalt war es eigentlich immer noch nicht. Die Sonne schien, die Wolken bauschten sich. Aber mehr taten sie nicht. Und der Weiher im Wald war auch noch nicht gefroren, sondern machte nasse, kalte Zehen. Wenn man so blöd war und die Pfoten ins Wasser hielt, versteht sich.

„Aber das kann sich jederzeit ändern!", rief Nero.

„Jeden Augenblick kann der Winter über uns hereinbrechen!", fügte Rotte hinzu.

Und sie setzten ihre Mützen auf, wenn sie durch den Wald sprangen, zur Sicherheit. Falls das Wetter umschlug. Auch wenn ihre Ohren unter der Wolle dampften.

Zwei Tage vor Weihnachten hielten sie ihren Backtag, denn Weihnachten ohne Backtag war wie Rührei ohne Ei. Draußen war es immer noch nicht richtig kalt. Aber das konnte sich schnell ändern. Rotte wollte das Backbuch holen, in dem all die schönen Rezepte für knusprige Weihnachtskekse drinstanden. Zu dumm, vor dem Regal war alles mit Feuerholz zugestapelt.

„Und nun?"

„Pfefferkuchen!", bestimmte Nero. „Das geht ganz leicht."

Sie wischten alle Krümel vom Tisch und machten einen Teig, wie es ihnen einfiel und mit viel Pfeffer. Weil der Pfeffer so staubte und ihnen in Augen und Nasen biss, holten sie ihre Taucherbrillen aus dem Schrank mit den Sommersachen. So ging es. Sie rollten den Teig aus und schnitten ihn in Vierecke. In lauter schöne Vierecke mit viel Platz für Zuckerschrift. Doch als sie die Bleche aus dem Herd zogen, sahen die Pfefferkuchen komisch aus. Nicht wie etwas zu essen. Eher wie Ziegel.

„Jetzt müssen wir sie wohl probieren", meinte Rotte unbehaglich.

„Tja …“ Nero blinzelte unschlüssig.

Tapfer legten sie sich jeder einen Krümel auf die Zunge.

Ihre Taucherbrillen füllten sich mit Tränen.

„Sauscharf!“, ächzte Rotte.

„Wir können sie nicht essen, oder?“, flüsterte Nero heiser.

„Zu gefährlich“, hustete Rotte. Und Nero wusste, dass sie recht hatte.

„Wir könnten sie verschenken!“, schlug er vor.

Rotte schüttelte heftig den Kopf: „Wir können sie niemandem geben, den wir gernhaben!“

„Zu Weihnachten soll man ruhig auch einmal seinen ärgsten Feind beschenken!“, hielt Nero dagegen.

Aber sosehr sie auch nachdachten, es wollte ihnen niemand einfallen, der diese Pfefferkuchen verdient hatte. Um an etwas anderes zu denken, machten sie sich einen Haufen Honigbrote und gingen in die Badewanne.

Der nächste Tag war der Tag vor Weihnachten.

Kalt war es eigentlich immer noch nicht. Es war tiefgrau, und es goss in Strömen. Drinnen langweilte sich das Feuerholz.

„Was machen wir nur mit diesem Regenwetter?“, stöhnte Nero. Wenn das die sieben Winter sein sollten …

Aber Rotte wollte nicht betrübt sein. „Das will ich dir sagen!“, rief sie. „Wir machen ein Spiel!“

Sie holte die Tube mit der Zuckerschrift, kippte die misslungenen Pfefferkuchen auf den Boden und malte das Wort REGENWETTER darauf. Immer einen Buchstaben auf einen Kuchenziegel. Rotte konnte zwar nur bis vier und manchmal bis fünf zählen, dafür aber Wörter schreiben. Sie schob die Kuchen hin und her, bis sie ein neues Wort ergaben.

WEGENRETTER stand da nun.

„Was ist ein *Wegenretter*?", grübelte Nero.

„Der Tierdoktor zum Beispiel", erklärte Rotte eifrig. „Der rettet einen. Wegen Schnupfen. Oder wegen Bauchweh."

Nun war Nero dran.

TREWENGERTE.

„Nie davon gehört", grunzte Rotte.

„Das kannst du auch gar nicht. Niemand kann die TREWENGERTE hören", sagte Nero so leichthin. „Erst, wenn es zu spät ist. Wenn sie dich erwischt hat. Sie schleicht sich an, und dann haut sie dir auf den Puschel, dass es kracht. Das hörst du dann."

„Warum haut sie mir auf den Puschel?", fragte Rotte entsetzt.

„Das weiß sie selbst nicht!", rief Nero fröhlich.

„Also, ich habe einen Schwanz!", sagte Rotte laut ins Zimmer und ließ zum Beweis ihren schönen Schwanz pendeln. Dann legte sie lieber schnell ein neues Wort.

RENGERTWEET.

„Hä?", machte Nero misstrauisch.

„Der RENGERTWEET ist ein doller Tanz", erklärte Rotte. „Besonders für Karnickel. Es geht darum, Arme, Beine und Ohren zu kreuzen und dann so ein bisschen gefährlich den Puschel zu wirbeln. Und immer drehen, drehen, drehen! Guck, so …"

Sie machte es vor, wirbelte in den Schrank hinein, und es war ganz still.

„Rotte?", fragte Nero leise.

Er ging zum Schrank.

„Schrank, du hast meine Wildsau verschluckt."

Der Schrank knarrte leise und öffnete bereitwillig die Türen. Nero

beugte sich hinein und machte Rotte vorsichtig die Knoten aus den Gliedern, und zum Schluss löste er auch den Schwanz von ihrer Schnauze.

„Du hast eben einfach keinen Puschel", tröstete er sie.

„Puuuh!", machte Rotte, als sie die Zähne wieder auseinanderbekam. Dann fiel ihnen ein, was sie noch machen konnten. Sie stellten ein E hinten gegen den Schrank.

Der Schrank begann, würdevoll seine Türen zu schwingen.

Das nächste E kam hinter den Herd.

„Mäh! Mäh! Mäh!", blökte der Herd vergnügt.

„Ich weiß noch eins!", schrie Nero begeistert und lehnte ein W vor die Ecke und ein R dahinter. Die Ecke begann zu ticken und bimmelte dann los.

„Jetzt bin ich dran!"

Rotte platzierte N und T hinter das Sofa. „Ein *Sofant!* Juhu!"

Der Sofant begann, in der schiefen Hütte umherzuwanken und das Feuerholz umzuwerfen.

„Rotte!", flüsterte Nero ein wenig erschrocken. „Lass uns lieber damit aufhören."

„Ich glaube, er sucht Wasser!", kicherte Rotte und zeigte dem Sofanten, wo es ins Badezimmer ging …

Als es schon lange dunkel war, rauschte der Nordwind durch den Wald und blies über das Dach der schiefen Hütte, die ihm noch schiefer vorkam als sonst. Vor der Tür stand ein Eimer voll mit etwas, das wie Ziegel aussah.

Der Wind rüttelte leise an einem winzigen Fenster, hinter dem noch ein mattes Licht leuchtete. Es war das Bad, und in der Wanne saß ein Sofa.

Rotte und Nero aber lagen gemütlich in ihren Betten und schnarchten ihr hartnäckiges kleines Schnarchen.

Und dann, als die Nacht am tiefsten war, kam der klirrende Frost. Von weit im Norden her, noch viel weiter nördlich, als es der schiefe Wald war, machte sich eine Wolke auf. Eine dunkle, schwere Wolke. Zog über den Wald und pustete sich aus. Schneite und schneite und schneite dicke Hauben auf die Baumwipfel und häufte einen weißen Berg auf das Dach der schiefen Hütte.

Als der Tag anbrach, schneite es noch immer.

Lieder vom Schnee

Schneeflöckchen, Weißröckchen

Text: Hedwig Haberkern (1837–1902), 1869

Schnee - flöck - chen, Weiß - röck - chen, jetzt_ kommst du ge - schneit. Du_ kommst aus den Wol - ken, dein Weg ist so weit.

Komm setz dich ans Fenster,
du lieblicher Stern;
malst Blumen und Blätter,
wir haben dich gern.

Schneeflöckchen, du deckst uns
die Blümelein zu;
dann schlafen sie sicher
in himmlischer Ruh'.

Schneeflöckchen, Weißröckchen,
komm zu uns ins Tal;
dann bau'n wir den Schneemann
und werfen den Ball.

Leise rieselt der Schnee

Text und Melodie: Eduard Ebel (1839–1905), 1895

Lei - se rie - selt der Schnee, still und starr ruht der See,

weih-nacht-lich glän - zet der Wald. Freu - e dich, Christ - kind kommt bald!

In den Herzen ist's warm,
Still schweigt Kummer und Harm,
Sorge des Lebens verhallt:
Freue dich, Christkind kommt bald.

Bald ist heilige Nacht;
Chor der Engel erwacht;
Horch' nur, wie lieblich es schallt:
Freue dich, Christkind kommt bald.

A, B, C, die Katze lief im Schnee

Text: Karl Joseph Simrock (1802–1876), 1848

A - B - C, die Kat - ze lief im Schnee. Und als sie dann nach Hau - se kam, da

hatt' sie wei - ße Stie - fel an. O je - mi - ne, o je - mi - ne, die Kat - ze lief im Schnee!

Heinz Janisch

Gute Reise, kleine Meise!

Ein winterfroher Weihnachtsduft
liegt in der Luft

Ich bin im Garten
und übe das Warten …
Da, wo ich steh,
glitzert bald Schnee!

Die Meise schwingt sich weit in die Höh'
bis ich sie gar nicht mehr seh

Gute Reise, kleine Meise!
Denk manchmal an mich!
Hier warten viele Körner auf dich …

Antonia Michaelis

Der Schneekönig

Mama hatte gesagt, sie würden am Weihnachtstag etwas ganz Besonderes machen.

Am 23. Dezember saß Emma den ganzen Nachmittag am Fenster. Es war kalt draußen, aber den Schnee hatten sie vergessen. Mama sagte, das mache nichts, solange man es schön und gemütlich zusammen habe.

Nur war es nicht besonders schön und gemütlich, weil der Kamin nicht zog, irgendwas an der Klappe innen im Schornstein war kaputt. Und die Heizung im Haus ging auch nicht richtig. Mama mochte das alte Haus, sagte sie, aber es machte so seine Fisimatenten. Weihnachtsbaum hatten sie auch noch keinen.

Die Bäume in den Baumgehegen vor den Supermärkten fand Mama alle hässlich. Sie hatten einen Blauschimmer, und Mama sagte, es würde aussehen wie Blauschimmel. Und sie würden die Tage mal rausfahren, eine Fichte beim Förster holen, die waren schöner und billiger.

Vor allem, das wusste Emma, waren sie billiger.

Mit dem Geld war das nämlich so eine Sache. Mama arbeitete immerzu, um genug Geld für schöne Dinge übrig zu haben, aber irgendwie wurde und wurde das Geld nicht übriger, und vor lauter

Arbeiten kam sie am Ende auch nicht dazu, mit Emma zum Förster zu fahren.

Und als wäre das noch nicht blöd genug, war vor vier Tagen auch noch ihr Fahrrad kaputtgegangen.

Manchmal stellte Emma sich vor, wie es mit einem Papa wäre. Der Papa hätte den Baum besorgt und das Rad repariert und immer Geld übrig gehabt.

Es klingelte, und Emma sprang von der Fensterbank und machte auf. Vor der Tür stand der Schornsteinfeger. Er war schwarz und riesengroß und dünn und sah selber aus wie ein Schornstein.

„Guten Tag, Frau Neumann", sagte er. „Ich habe gehört, Ihr Schornstein zieht nicht?"

„Ich bin aber doch nur Emma", sagte Emma und kicherte.

„Heißen Sie denn nicht Neumann, Frau Emma?", fragte der Schornsteinfeger. Dann zog er die schwarzen Stiefel aus und kam herein und guckte in den Schornstein, und Emma guckte auch, sah aber nichts. Der Schornsteinfeger murmelte etwas davon, dass die Klappe da drin total hinüber war. „Man müsste eine neue bestellen und einsetzen", sagte er. „Bald. Es ist ganz schön kalt bei Ihnen, Frau Neumann. Weihnachten muss es doch warm sein, zum Feiern." Er sah sich um, als suchte er etwas.

„Es ist keiner da", sagte Emma. „Kein Baum. Mama hat dieses Jahr nicht den richtigen gefunden."

„Ach nein?", fragte der Schornsteinfeger. „Und ihr Fahrrad findet sie auch nicht mehr, was? Früher ist sie jeden Tag an mir vorbeigefahren und hat gewinkt, und sie hatte immer ganz rote Backen. Wie kleine Äpfel. Aber jetzt geht sie seit vier Tagen zu Fuß und winkt nicht mehr, weil sie sich so abhetzen muss."

Da seufzte Emma, und dann erzählte sie dem Schornsteinfeger alles über Mama und das Fahrrad und das Geld, und er machte ab und zu „Hm“ und dann Tee, und sie saßen zusammen auf dem Boden, wo es mit Tee ganz gemütlich war. Zum Schluss erzählte Emma ihm, dass Mama und sie am Vierundzwanzigsten etwas Tolles machen würden, vielleicht einen Ausflug zum Weihnachtsmarkt, mit gebrannten Mandeln und Karussell. Oder doch in den Wald.

„Aber es muss dann schneien“, erklärte sie.

Da kniff der Schornsteinfeger die Augen zu, starrte eine Weile aus dem Fenster und lächelte schließlich. „Es wird schneien“, sagte er, ehe er ging.

Und Mama kam nach Hause und war zu müde, wie immer, und fragte nicht mal, warum Emmas Wangen rußig waren. Und am nächsten Tag war der Vierundzwanzigste.

„Guten Morgen, mein Weihnachtskind“, sagte Mama und küsste Emma auf die Nasenspitze. „Heute wird der allerschönste Tag. Guck mal raus! Ich hab uns Schnee bestellt.“

Emma lief im Nachthemd zum Fenster, obwohl es so kalt im Haus war. Und da schneite es wirklich in dicken weißen Flocken.

„Den hast aber nicht du bestellt“, sagte Emma, „das war der Schornsteinfeger.“

„Der Schornsteinfeger?“, fragte Mama verwirrt. „Ich kenn keinen Schornsteinfeger.“

„Aber er kennt dich“, sagte Emma. „Er weiß, dass dein Fahrrad kaputt ist und dass du rote Backen kriegst wie Äpfel, wenn du dich beeilst.“

Sie sagte nichts über die Klappe, die man neu kaufen musste.

Mama hatte ein Frühstück mit Kakao und Brötchen gemacht. Sie hatte frei.

„Wir fahren endlich zum Wald raus", verkündete sie. „Mit der Straßenbahn. Wir packen ein Picknick ein und machen einen richtigen Weihnachtsspaziergang."

Sie zogen beide so viele warme Sachen übereinander, dass man sie vermutlich gar nicht mehr erkannte. Falls der Schornsteinfeger sie sah, dachte Emma, fragte er sich sicher, wer das Wollknäuel war, das so ähnliche Apfelwangen hatte wie Emmas Mutter.

Aber sosehr Emma auch aus dem Straßenbahnfenster starrte, sie sah den Schornsteinfeger nicht, nur eine Menge Leute, die hektisch allerletzte Weihnachtseinkäufe erledigten. Emma und Mama waren kein bisschen hektisch, nicht an diesem Tag.

Emma hatte ihr Geschenk für Mama schon lange. Es steckte in ihrer Jackentasche und war so geheim, dass sie im Moment selbst vergessen hatte, was darin war.

Als sie bei der Endhaltestelle ausstiegen, hatte es aufgehört zu schneien. Jetzt würden sie doch noch ihren Baum aussuchen und ihn auf dem Rückweg vom Spaziergang mitnehmen.

Aber das Haus des Försters war leer und dunkel, und es war keiner da. Im Garten, wo die Bäume sonst gelegen hatten, lag nur Schnee. Emma merkte, wie ihre Unterlippe zitterte.

„Ach was, ist doch egal", meinte Mama. „Im Wald gibt's genug Bäume."

„Hast du denn eine Säge mit?", fragte Emma.

„Nein." Mama lachte. „Aber meine Augen. Und du deine auch, zwei wunderschöne braune Emma-Augen. Wir suchen uns den schönsten Baum im Wald und gucken ihn so lange an, bis wir ihn nie mehr vergessen können."

Emma nickte und schluckte ihre Tränen hinunter. Für Mama.

Dann gingen sie in den Wald hinein, und Emma vergaß den Förster. Denn alle Bäume waren weiß gezuckert und trugen kleine weiche Polster aus Schnee auf ihren Nadeln und Blättern. Mama und Emma wanderten Hand in Hand durch die weiße Wunderwelt, und niemand begegnete ihnen.

Manchmal strahlten kleine, runde rote Tupfen durch das Weiß, das waren Hagebutten oder Vogelbeeren, es sah richtig hübsch aus, postkartenhübsch.

Nach einer Weile fing Mama an, ein Weihnachtslied zu singen. Ihre Stimme klang klar durch den kalten Wald, und Emma sang mit, nicht zu laut, damit sie die Tiere nicht störten.

Sie schlenkerten mit den Händen und sangen, und ein paar Sonnenstrahlen fielen durch die Äste, und auf einer Lichtung saßen zwei Hasen. Nachdem sie alle Lieder gesungen hatten, die sie kannten, wurde es wieder völlig still im Wald.

Und in der Stille brach mit einem plötzlichen Rascheln ein Hirsch aus dem Gebüsch und lief vor ihnen über den Weg, so nah, dass sie erschrocken stehen blieben. Es war nur der erste Hirsch von einer ganzen Schulklasse an Hirschen, sie gingen alle einfach so vorbei, ihre Geweihe voller Schneestaub, Emma zählte dreiundzwanzig.

„Die waren auf dem Weg zu dem Schlitten mit den Geschenken", flüsterte Mama. „Den ziehen sie nämlich heute Abend. Rentiere haben wir ja hier nicht."

„Mir brauchst du das nicht zu erzählen", flüsterte Emma. „Ich weiß, dass es keinen Weihnachtsmann gibt, der Geschenke mit dem Schlitten bringt. Die Hirsche waren trotzdem schön."

„Ich habe nicht gesagt, dass der Schlitten dem Weihnachtsmann gehört", wisperte Mama.

„Wem denn sonst?"

Mama zuckte nur geheimnisvoll mit den Schultern.

„Komm, ich zeig dir was", sagte sie dann.

Sie stapften über eine Lichtung, auf der man bis zu den Knien im Neuschnee einsank, und dann wieder durch dichten Wald. Nach der Lichtung merkte Emma, dass ihre Füße feucht waren. Die Stiefel waren wohl nicht ganz dicht.

Aber kurz darauf vergaß sie die undichten Stiefel, denn nun standen sie vor einer blau glitzernden Eisfläche, auf der sich die Sonne spiegelte: Zwischen den Bäumen lag ein kleiner See. „Jetzt müsste man einen Schlitten mithaben, um quer drüberzuschlittern", sagte Mama.

„Aber wir können auch …" Sie stockte. Am Ufer, zwischen den
weit überhängenden beschneiten Zweigen, *stand* ein Schlitten. Ein
Schlitten mit einem grünen Band vorne und einer Decke darauf.
Es war niemand am Ufer zu sehen, dem der Schlitten gehörte.
„Meinst du, wir können den Schlitten ausleihen?", fragte Emma.
Mama nickte langsam. „Ja, das machen wir. Setz dich drauf, ich
bin dein Schlittenhund." Und sie lachte auf einmal übermütig und
zog Emma in großen Bögen und Schleifen übers Eis. Es war wie
Achterbahnfahren oder Karussell auf dem Weihnachtsmarkt, nur
noch viel besser.

Am Ende zog Mama sie unter den Ästen am Ufer durch wie durch
einen weiß glitzernden Zaubergang. Einer der Äste senkte sich unter
seiner Schneelast, und der Schnee rieselte von oben in Mamas und
Emmas Kragen, und sie kreischten ein bisschen und lachten. Blöderweise schmolz der Schnee in den Kleidern, als sie auf der anderen
Seite des Sees weitergingen.

Emma versuchte, nicht an den geschmolzenen Schnee und nicht
an ihre nassen Füße zu denken. Sie stapfte tapfer neben Mama her
und zog den Schlitten, auf dem der Proviantrucksack lag. Ihr Magen
knurrte. Sie waren schon eine ganze Weile im Wald.

„Jetzt bräuchten wir einen guten Picknickplatz", sagte Mama, die
wohl dasselbe dachte, und dann: „Guck!"

Vor ihnen strahlte es wieder rot, nur dass diesmal keine Hagebutten
im Busch hingen, sondern kleine rote Äpfel, rot wie Mamas Wangen.
Sie gingen näher – und staunten. Zwischen den Äpfeln hingen
kleine Tüten mit gebrannten Mandeln in den Zweigen, oben mit
winzigen roten Schleifchen verschlossen.

„Unter diesem Baum ist ein prima Picknickplatz, glaube ich", sagte

Emma, und sie breiteten die Decke aus und pflückten Äpfel, die ziemlich sauer waren, und gebrannte Mandeln, die ziemlich süß waren. Mamas belegte Brote sahen direkt ein bisschen beleidigt aus, obwohl sie natürlich auch gegessen wurden. Der Tee in der Thermoskanne war leider kalt geworden, weil die Thermoskanne schon so alt war.

„Also, wer die Mandeltüten hier aufgehängt hat, möchte ich schon mal wissen", sagte Mama, und sie sah wirklich ehrlich erstaunt aus. Da wurde es Emma ein bisschen unheimlich. Denn sie hatte gedacht, das wäre Mama gewesen, als Überraschung. Wenn aber nicht … dann war noch jemand in diesem Wald unterwegs. Vielleicht ein Kinderfänger oder ein Verbrecher. Vielleicht war das alles eine Falle.

„Ich glaube, ich will jetzt keine Mandeln mehr", sagte Emma unbehaglich. „Lass uns lieber wieder los."

Und während sie weiterwanderten, wartete sie darauf, eine Vergiftung zu kriegen von den Mandeln, aber es passierte nichts. Sie war nur ziemlich klebrig innen und ziemlich satt.

Schließlich kamen sie zu einem kleinen Hang, quetschten sich zu zweit auf den Schlitten und sausten hinunter. Der Fahrtwind pfiff ihnen um die Ohren, und es war wirklich ziemlich kalt.

Aber unten, an einen Baum gelehnt, wartete eine weitere Überraschung: diesmal eine silberne Thermoskanne. Der Tee in dieser Kanne war gerade noch so heiß, dass man ihn trinken konnte, ohne sich zu verbrennen.

Da wurde ihnen wieder warm, und sie lachten und tanzten einen kleinen Thermostanz im Schnee.

„Das ist ganz schön verrückt", sagte Emma. „Jemand hat lauter komische Spuren hinterlassen in diesem Wald. Ich glaube, es ist doch kein Verbrecher. Aber verstehen tu ich das nicht."

„Ich auch nicht", sagte Mama. Ihre Backen war noch röter als sonst, und sie strahlte.

„Jetzt sollten wir aber langsam zurückgehen, was meinst du?"

In diesem Moment fing es wieder an zu schneien, Wind kam auf und trieb die wirbelnden Flocken zwischen die Bäume, und Emma wurde vom Hingucken ganz schwindelig. Man sah den Wald überhaupt nicht mehr richtig.

„Da links muss der Weg sein", sagte Mama und nahm Emma wieder an die Hand. „Gleich finden wir ihn", sagte sie entschlossen. Aber da war kein Weg. Es nützte nichts, dass Mama noch ungefähr vier Mal „Gleich finden wir ihn" sagte. Schließlich waren sie richtig, richtig weit gewandert, und Emmas Füße taten weh.

Es wurde jetzt schon ein bisschen dunkel.

Der Wind hatte sich zu einem richtigen Schneesturm ausgewachsen, der zwischen den Ästen heulte.

„Wir kommen nie mehr nach Hause!", rief Emma.

„Doch", sagte Mama, nahm Emma in die Arme und drückte sie fest an sich. „Wir finden zurück, bestimmt. Es ist alles nur ein großes Weihnachtsabenteuer."

Emmas Unterlippe zitterte wieder. Vielleicht ja auch vor Kälte.

„Und wenn wir nicht zurückfinden? Weiß denn jemand, wo wir sind, damit er uns suchen kann?"

„Ich fürchte, nein", gab Mama zu.

Da dachte Emma, dass sie jetzt wirklich heulen würde.

Genau in diesem Augenblick sah Emma *das Licht. Das Licht* war klein und blass und flackerte, aber man sah es trotzdem. Emma zog Mama am Ärmel hinüber. Das Licht bestand aus einer kleinen Pyramide aus Schneebällen, zwischen denen, windgeschützt, eine Kerze flackerte.

Mama zeigte nach vorne, und Emma entdeckte ein zweites Schnee-licht zwischen den Stämmen. Sie folgten den Lichtern, weiter und weiter, und Emma wurde ganz aufgeregt und froh und vergaß sogar ihre nassen Füße.

Aber schließlich gab es keine Lichter mehr. Neben dem letzten, das sie fanden, lag ein Päckchen aus braunem Packpapier. Sie öffneten es gemeinsam, und darin fanden sie zwei Paar trockene, ganze neue Wollsocken, ein großes und ein kleines Paar.

Emma schüttelte den Kopf. „Da wusste aber einer gut Bescheid", murmelte sie.

Sie setzte sich auf einen umgefallenen Baumstamm, zog die nassen Stiefel und die nassen Socken aus und die trockenen Socken an.

Mama tat das Gleiche, sie hatte auch nasse Füße.

„Guck mal", sagte sie. „Hier an meinen Socken ist ein Zettel."

„VOM … SCHNEEKÖNIG", las Emma. Sie sahen sich an.

„Ist das der, dem die Hirsche gehören?"

Mama nickte.

Und dann sah Emma etwas Neues, etwas blau Glitzerndes, und sie ging vorsichtig voraus in die Richtung. Ein paar Minuten später stand sie vor einem Tier aus Schnee, einem Tier mit vier Beinen und drei-eckigen Ohren. Jemand hatte es mit Wasser übergossen, das sofort gefroren war, daher das blaue Glitzern. Oder vielleicht kam das blaue Glitzern des Tieres auch von innen.

„Das ist ein Wolf", flüsterte Mama, die hinter Emma getreten war, und fuhr mit einer Hand das glatte Eisfell entlang. „Der Wolf des Schneekönigs, auf dem er reitet."

„Woher weißt du das?", fragte Emma.

Mama zuckte die Schultern. „So was weiß man", sagte sie.

Da merkte Emma, dass es aufgehört hatte, zu schneien und zu stürmen. Dafür wurde es jetzt rasch immer dunkler. „Wir werden den Weg aus dem Wald nicht finden", sagte sie leise, „hab ich recht? Wir werden hierbleiben, beim Schneekönig. In seinem Winterwald. Irgendwo wartet er auf uns."

„Ach, Emma", sagte Mama und nahm Emma wieder in die Arme.

Und Emma war ganz komisch zumute. Sie hatten, dachte sie, noch gar keinen Baum gefunden. Sie merkte jetzt, wie müde sie war vom vielen Wandern durch den Schnee.

„Wir könnten uns hier auf die Decke setzen und ausruhen", sagte Mama.

Und Emma dachte an die vielen Leute, die hektisch durch die Straßen rannten und keine Zeit hatten auszuruhen. Und an die hell erleuchteten Fenster der Geschäfte, so weit, weit fort.

Da hörte sie von ferne eine Melodie aus silberhellen Tönen wie Seifenblasen.

„Das ist eine Flöte", sagte Mama verwundert.

„Vielleicht ist das der Schneekönig selbst, und er spielt uns ein Schlaflied", flüsterte Emma.

Sie wollte sich jetzt nur noch auf die Decke legen und die Augen schließen. Es war ganz dunkel geworden.

Aber da brach das Flötenspiel ab, und eine raue Stimme rief laut: „Hey! Hierher!" Und davon wurde Emma mit einem Schlag wieder wach.

Sie sah durch die Bäume etwas leuchten. Eine Laterne.

Mama hob die Decke wieder auf und nahm Emma zum letzten Mal an diesem Tag bei der Hand, und sie wanderten zwischen den schwarzen Stämmen auf die Gestalt mit der Laterne zu. Als sie bei ihr ankamen, stand die Gestalt nicht mehr da. Dafür stand dort hinter den Büschen etwas, das sie bisher übersehen hatten: eine Hütte.

Eine kleine, windschiefe Holzhütte, wie Holzfäller sie benutzen oder Förster. Und in der Hütte war Licht.

Emma stieß die Tür auf. Drinnen war es warm, oh, wie warm es war! Sie blinzelte in die Helligkeit und hörte, wie Mama die Tür hinter ihnen schloss. In einem kleinen schwarzen Ofen knackte ein Feuer. Und in einer Ecke der Hütte stand eine Fichte, auf deren Ästen rote Kerzen steckten. Vor dem Ofen aber stand, mit dem Rücken zu ihnen, ein sehr großer, dünner Mann.

Er trug einen weißen Strickpullover und einen weißen Schal und helle Socken. Alles an ihm war hell, auch sein Haar.

„Der Schneekönig", wisperte Emma. Aber als sie sich umsah, wo der

Mann seine Schuhe gelassen hatte, fand sie neben der Tür ein Paar schwarze Stiefel.

„Fröhliche Weihnachten", sagte der Schneekönig und drehte sich um. „Ich dachte, ihr könntet ein bisschen Wärme gebrauchen."

Dann kam er herüber und nahm Mama den Mantel ab. „Und Sie, Frau Neumann?", fragte er Emma. „Wollen Sie mir nicht auch Ihre Jacke geben? Und will jemand mir helfen, den Baum fertig zu schmücken? Ich habe das noch nicht ganz geschafft …"

Emma nickte. „Aber … wieso sind Sie hier?"

„Weil es bei mir zu Hause so einsam war", sagte der Schneekönig.

Mama schnupperte. „Hier verbrennen gerade Bratäpfel", sagte sie.

„Ach, du meine Güte", sagte der Schneekönig und nahm mit Handschuhen eine Auflaufform vom Ofen herunter.

Eine halbe Stunde später saßen sie alle vor dem Baum auf der Decke, und die Kerzen brannten, und der Baumschmuck glitzerte bunt.

Die Bratäpfel waren gerade noch essbar. Und der Schneekönig spielte auf der Flöte, die winzig aussah in seinen großen Händen.

Unter dem Baum lagen drei Pakete: Eines sah aus wie eine Klappe-für-im-Schornstein. Eines war von Emma für Mama, und eines war von Mama für Emma.

Aber Emma würde es erst am Morgen öffnen. Sie war jetzt zu müde.

„Sie brauchen auch ein Geschenk", sagte Mama zum Schneekönig. Und dann beugte sie sich vor und gab ihm einen Kuss, und da machte Emma schnell die Augen zu und tat, als wäre sie eingeschlafen.

Sie fragte sich noch, wer nun den Schlitten des Schneekönigs zog: der Eiswolf oder die Hirsche.

Und warum er sich im gewöhnlichen Leben als Schornsteinfeger verkleidete.

Vielleicht deshalb, damit Mama jeden Morgen mit ihren roten Wangen an ihm vorbeiging.

Dann fragte sie sich, ob er Fahrräder reparieren konnte.

Und dann schlief sie ein.

Es war Weihnachten geworden.

arne rautenberg

der fußabdruck vom weihnachtsmann

der weihnachtsmann der weihnachtsmann
hat riesig schwarze stiefel an doch
in der linken sohle ist ein loch
dort schaut o weh
sein großer zeh heraus

siehst du im schnee
nen riesen schuhabdruck noch
mit ner mulde drin groß wie ne maus ja dann
war das bestimmt der weihnachtsmann

Verschneite Leckereien

Verschneite Lebkuchen-Brownies

2 Tafeln Zartbitterschokolade (200 g)
1 Päckchen Butter (250 g)
5 Eier
250 g Zucker
1 Päckchen Vanillezucker
1 Päckchen Lebkuchengewürz
1 Prise Salz
220 g Mehl
200 g gemahlene Haselnüsse
Puderzucker

Die Butter in Stücke schneiden und in einem Topf bei mäßiger
Temperatur schmelzen lassen, dann die in Stücke zerbrochene
Schokolade hinzufügen, bis sie ebenfalls geschmolzen ist.
Eier, Zucker, Vanillezucker, Lebkuchengewürz und Salz ca. 10 Mi-
nuten lang mit dem Mixer verrühren, bis eine dicke Creme entsteht.
Dann nach und nach die wieder ein wenig abgekühlte Schoko-Butter
unterrühren und anschließend Mehl und Nüsse unterkneten.
Diesen Teig auf ein mit Backpapier ausgelegtes kleines Backblech
verstreichen und bei 180 Grad knapp 20 Minuten backen. Nach dem
Backen ein wenig abkühlen lassen, dick mit Puderzucker bestreuen
und in Rechtecke schneiden.

Schneeflocken

250 g Butter
100 g Puderzucker
1 Päckchen Vanillezucker
1 Prise Salz
200 g Speisestärke
125 g Mehl

Alle Zutaten zu einem glatten Teig verkneten. Eine Stunde kalt stellen. Dann den Teig zu einer Rolle formen und in gleichmäßige Scheiben schneiden. Die Scheiben zu Kugeln formen und mit einer bemehlten Gabel flach drücken.
10–12 Minuten bei etwa 175 Grad backen.

Wundersames Weihnachtswissen

Leise rieselt der Schnee – tatsächlich wird es leiser, wenn Schnee liegt. Der Schnee schluckt Geräusche, besonders hohe Töne.

Schnee ist einzigartig: Kein Schneekristall gleicht dem anderen, und somit sieht auch jede Schneeflocke anders aus. Schneeflocken bestehen nämlich aus mehreren Schneekristallen, die aneinanderkleben.

„Früher hatten wir immer weiße Weihnachten", sagen Omas gerne. Und viele Menschen denken, dass das am sogenannten Klimawandel liegt. Weil es immer wärmer wird, schneit es weniger. Tatsächlich hängt es aber davon ab, wo und wie hoch der Ort liegt, in dem man lebt. In Europa stehen die Chancen auf weiße Weihnachten nicht so gut, weil an den Feiertagen meistens nur wenig Niederschlag fällt. Das letzte Mal gab es 2010 in ganz Deutschland weiße Weihnachten.

Auf der Südhalbkugel feiern die Menschen im Hochsommer Weihnachten. Im australischen Sydney liegen die Höchsttemperaturen an Weihnachten durchschnittlich bei 26 Grad. Aber sogar in München konnte man im Jahr 2012 Weihnachten im T-Shirt feiern – an Heiligabend war es 20 Grad warm.

Wundersame Weihnachten

Juma Kliebenstein

Mein allererstes Weihnachtsfest

Von Weihnachten hörte ich zum ersten Mal an dem Tag, an dem Maja mich fast zu Tode erschreckte.

„Es schneit", schrie Maja, und ich schoss hoch wie eine Rakete, denn ich hatte gerade tief und fest vor Majas Bett geschlummert.

Maja sprang über mich hinweg und rannte zum Fenster. „Charly", rief sie aufgeregt. „Charly, guck doch!"

Ich schüttelte mich und trottete langsam zu Maja hinüber. Eigentlich hätte ich mich nun auf meine Hinterbeine stellen und den Kopf recken müssen, um hinaussehen zu können, aber Maja hob mich hoch. „Mann, bist du schwer geworden, Charly", ächzte sie. „Nächstes Jahr packe ich dich bestimmt nicht mehr. Dann bist du ja schon fast so alt wie ich!"

Maja hatte mir schon mal erklärt, dass ich in Menschenjahren sieben war, obwohl ich als Hund wohl ungefähr erst ein Jahr zählte. So genau wusste das niemand, denn mein Vorbesitzer hatte mich einfach am Straßenrand ausgesetzt und sich heimlich aus dem Staub gemacht. Aber darüber spreche ich nicht gern. Schön ist mein Hundeleben erst, seit ich bei Maja und ihrer Familie bin.

„Guck mal, Charly, ist das nicht aufregend?" Maja öffnete das Fenster, und ein kalter Wind wehte herein.

Ich reckte neugierig meine Schnauze in die Luft, aber da sah ich, dass dicke weiße Kugeln vom Himmel herunterfielen. Ich zog den Kopf schnell wieder ein. Es konnte nur zu leicht passieren, dass ich so einen weißen Stein abbekam. Und vor Steinen fürchte ich mich ziemlich.

„Was hast du denn?", fragte Maja besorgt und streichelte mich. „Du musst keine Angst haben. Das ist doch bloß Schnee, du Dummerchen!"

Als ich sah, dass Maja die Hand ausstreckte und so eine weiße Kugel ganz sanft darauf landete, wollte ich dann doch wissen, wie sich das anfühlte. Es sah ja wirklich ganz ungefährlich aus. Ich streckte vorsichtig erst mal meine Schnauze hinaus, und sofort landete eine dieser Schneeflocken, wie Maja sie nannte, auf meinem Kopf, und dann noch eine und noch eine. Sie waren gar nicht schwer, sondern ganz leicht und zart, und ziemlich nass. Es war ein lustiges Gefühl, wie diese kleinen Bällchen auf meinem Kopf schmolzen und das Wasser über meinen Hals hinunterrann.

„Komm, wir gehen raus in den Garten!", sagte Maja, und schon sprangen wir gemeinsam aus ihrem Zimmer hinaus und die Treppen hinunter. In Windeseile hatte Maja ihre dicken Wintersachen und ihre warmen Stiefel angezogen. Leise öffnete sie die Haustür, und wir rannten in den Vorgarten, der ganz von Schnee bedeckt war.

Erst erschrak ich wieder, denn beim ersten Sprung versank ich mit allen vier Pfoten in der Schneedecke, aber dann stellte ich fest, dass es gar nicht schwer war, wieder rauszukommen. Es war herrlich, mit Maja umherzutollen, und besonders viel Spaß machte es, die Schneeflocken zu jagen.

„Endlich!", jubelte Maja und versuchte, mit offenem Mund Schneeflocken zu fangen, so wie ich. „Wenn es so weitergeht, dann ist es an Weihnachten richtig schön verschneit!"

Weihnachten? Davon hatte ich noch nie etwas gehört.

Ich bellte und sah Maja fragend an, aber Maja war viel zu beschäftigt damit, im Schnee zu tollen. Sie hörte mir nicht zu.

Da würde ich nun wohl nicht erfahren, was es mit diesem Weihnachten auf sich hatte.

Es ist ganz und gar nicht leicht, als Hund herauszufinden, über was Menschen reden, das kann ich euch sagen. Ständig werfen sie mit Wörtern um sich, die kein Hund kennt, aber es kommt keiner auf die Idee, einem mal was zu erklären.

Als Maja und ihre Familie zum ersten Mal mit mir Gassi gehen wollten, konnten sie gar nicht verstehen, dass ich mich unter der Heizung versteckte. Ich hatte nur die Leine gesehen, die Majas Mutter in der Hand hielt, und mit Leinen hatte ich noch nie gute Erfahrungen gemacht. Es war schließlich Maja, die zu mir gekommen war und mich beruhigt hatte, dass sie nur mit mir spazieren gehen wollten.

Maja versteht mich. Sie hat sich schon oft bei mir darüber beschwert, dass Erwachsene überhaupt nie was erklären. Hunden nicht und Kindern auch nicht. Aber jetzt dachte Maja nicht an mich. Sie sprang jauchzend zwischen den Schneeflocken herum.

Auf einmal ging die Haustür auf. „He, ihr zwei", rief Nanette, Majas Mutter. „Ihr seid ja schon ganz nass! Herein mit euch, lasst uns erst mal frühstücken! Ihr könnt nachher wieder im Schnee toben."

Erwachsene sind im Übrigen nicht nur unaufmerksam, sondern auch ziemliche Spaßbremsen, finde ich.

Beim Frühstück unterhielten sich Maja und ihre Eltern wieder über dieses ominöse Weihnachten. Sie warfen nur so mit Wörtern um sich, die ich nicht kannte. Ich glaube, *Schegenke* hieß eines und *Doggesdienst*, und es war noch etwas ganz Schweres dabei, wartet, gleich habe ich es ... *Klickerklaus* und *Strickkind,* genau, das war es.

Ich hatte keinen Schimmer, wovon sie sprachen. Aber es klang jedenfalls alles sehr geheimnisvoll.

Es geschahen auch immer mehr geheimnisvolle Dinge im Haus. Und je mehr geheimnisvolle Dinge geschahen, desto anstrengender wurde es für mich.

Zum Beispiel war da ein gewisser Morgen, der eigentlich ganz gut begonnen hatte. Ich hatte wie immer vor Majas Bett geschlafen und

von saftigen Knochen geträumt. Als ich wach wurde, hatte ich großen
Hunger und tapste in die Küche. Ich war gerade zielstrebig auf dem
Weg zu meinem Napf, als mir ein köstlicher Duft in die Nase stieg.
So etwas Himmlisches hatte ich noch nie gerochen! Mir lief das Wasser im Maul zusammen, und ich lief dem leckeren Duft entgegen.
Der Geruch schien von etwas zu kommen, das auf der Anrichte
stand. Ich muss sagen, dass ich eigentlich ein ganz geschickter Hund
bin, und ich musste nur zweimal hochspringen, um die Schale mit
den Leckerli herunter auf den Boden zu befördern. Und es waren ein-
deutig Leckerli, die Majas Familie wohl extra für mich gekauft hatte.
Sie sahen fast genauso aus wie die üblichen Leckerli, die ich immer
bekam, wenn ich etwas richtig gemacht hatte. Nur hübscher. Sie hatten lustige Formen, die ich nicht kannte. Na, außer einer: Es waren
ein paar Nadelbäume dabei, und Bäume kenne ich natürlich. Ich fraß
alle Leckerli auf, bis am Ende nur noch Krümel auf dem Boden lagen.
Dann schleckte ich auch die noch auf. Es schmeckte zwar doch nicht
so fleischig, wie ich gehofft hatte, aber da mir Majas Familie ja einen
Gefallen tun wollte, wollte ich sie nicht enttäuschen und futterte alles
weg, bis der Boden blitzeblank war. Ich merkte plötzlich, dass mir
ziemlich mau wurde, und ich rollte mich in meinem Körbchen im
Flur zusammen. Als Maja und ihre Eltern aufstanden, sahen sie mich
ganz erschrocken an.

„Was ist denn mit dir, Charly?", fragte Maja besorgt und streichelte
mich.

„Ich hab die ganzen Leckerli gefuttert", sagte ich, aber heraus kam
nur: „Wuff, wuff", und Maja versteht leider keine Hundesprache.
Majas Vater versteht auch keine Hundesprache, aber er versteht sich
auf verräterische Spuren. Und so dauerte es nicht lange, bis er die

leere Schale auf dem Boden entdeckte und aus der Küche rief: „Um Himmels willen! Charly hat die ganzen Plätzchen aufgefressen!"

Da kam Leben in die Bude, sage ich euch. Alle waren ganz aufgeregt, Majas Mutter führte einige Telefongespräche, und dann musste ich ein paar bittere Tropfen schlucken, die sie mir ins Futter träufelten.

„Ein Hund, der Weihnachtsplätzchen frisst. So was!", murmelte Majas Mama.

Weihnachtsplätzchen? Das hatte doch garantiert was mit diesem Weihnachten zu tun, von dem alle ständig sprachen.

Maja setzte sich zu mir und streichelte mich.

„Du Armer", sagte sie mitfühlend. „Weihnachtsplätzchen sind nichts für Hunde, weißt du, Charly?"

Ich bellte und wedelte mit dem Schwanz, was so viel heißen sollte wie, dass ich das *nicht* wusste und zu gern erfahren würde, was es mit diesem Weihnachten auf sich hatte.

Aber genau da klingelte es an der Tür, und Majas Freundin kam zu Besuch. Da vergaß Maja, mir zu erklären, was Weihnachten ist. Schade eigentlich. Denn ansonsten wäre nicht ein paar Tage später das Fiasko mit dem Klickerklaus passiert.

Heute weiß ich natürlich, dass der Mann, der im Garten herumschlich, nicht Klickerklaus heißt, sondern Nikolaus. Und heute weiß ich auch, dass er zu uns kommen wollte, um Maja Geschenke zu bringen. Aber vor ein paar Wochen wusste ich das noch nicht.

Es war dunkel gewesen, als die Sache mit dem Klickerklaus passierte. Im Winter ist es ja immer ganz schön früh dunkel. Und wenn im Dunkeln Leute um Häuser schleichen, die da nichts verloren haben, hat das nichts Gutes zu bedeuten. Das weiß ich noch aus der Zeit, bevor ich zu Maja und ihren Eltern kam. Der Vorbesitzer wollte nämlich, dass ich alle Leute anbelle, die an sein Haus kommen. Falls sie ihm was Böses wollen. Und das hab ich beibehalten: Leute, die ans Haus kommen, werden angebellt. Und an jenem Abend, als ich den Klickerklaus entdeckte, ging der nicht etwa über den Kiesweg, sondern er schlich durch den Vorgarten. Was wollte denn dieser unheimliche Kerl hier? Er ging gebückt und hatte einen Sack über der Schulter hängen! Wollte er am Ende hier einbrechen? Ich bellte los, dass die Fensterscheiben zitterten.

„Was ist denn, Charly?", fragte Maja.

Ich rannte zur Tür.

„Musst du raus?", fragte Maja. „Na dann, mach schnell dein Geschäft." Sie öffnete die Tür.

Ich blieb stehen und schaute Maja eindringlich an, aber sie kapierte nicht, was ich von ihr wollte.

Der Klickerklaus verschwand gerade im hinteren Garten. Ich musste handeln! Also schoss ich wie ein geölter Blitz aus der Haustür und fegte durch den Garten Richtung Klickerklaus, dass der Schnee nur so um mich herumstob.

„Charly, was hast du denn?", hörte ich Maja noch rufen, aber als ich um die Hausecke bog, hörte ich nur noch die Geräusche, die meine Pfoten im Schnee hinterließen, und den Wind, der um meine Ohren pfiff.

Da tauchten schon aus der Dunkelheit die Umrisse eines großen, kräftigen Mannes auf. Der Einbrecher! Ich machte einen Riesensatz, und da sagte der Mann verblüfft: „Was um alles in der Welt" – weiter kam er nicht. Ich sprang ihn an und knappte ihn ins Bein. Der Einbrecher brüllte: „Aua!", und verlor das Gleichgewicht. Gerade, als er auf seinem Hosenboden gelandet war, ging die Terrassentür auf, und meine Familie kam herausgelaufen.

„Um Himmels willen, Charly!", schrie Majas Papa. „Lass den Robert los!" Majas Mama stürzte auf den Einbrecher am Boden zu und rief: „Robert, mein Gott, hast du dir wehgetan?", und: „Charly, aus!"

Ich ließ das Bein los und guckte einigermaßen verwirrt von einem zum anderen. Hätte man mich nicht über den grünen Klee loben müssen? Ich hatte gerade einen Einbrecher gestellt!

„Charly!" Maja setzte sich neben mich. „Das ist kein Einbrecher! Das ist doch der Nikolaus!"

Ich verstand nur Bahnhof.

Dieser Einbrecher-Nikolaus namens Robert richtete sich stöhnend auf. „Na, so hab ich mir das aber auch nicht vorgestellt", seufzte er und begutachtete sein Bein. „Zum Glück hab ich dicke Winterstiefel an", meinte er. „Da ist nix durchgegangen!"

„Na, Gott sei Dank", sagte Majas Papa erleichtert.

„Was machst du denn für Sachen, Charly?", fragte Majas Mama, aber es klang nicht böse. Nur erstaunt.

„Charly kann doch nichts dafür!", rief Maja. „Er weiß ja gar nicht, was ein Nikolaus ist! Ich erklär dir das, Charly! Also, das ist so …" Ich war gespannt, was es mit dem Nikolaus auf sich hatte, aber dann hielt Maja inne und guckte zu dem Nikolaus-Robert.

„Mama? Papa?", sagte sie. „Warum ist Onkel Robert angezogen wie der Nikolaus?"

Majas Eltern schluckten, und dieser Onkel-Robert-Nikolaus schaute grinsend von einem zum anderen. „Ja, das erklärt nun mal schön", sagte er. „Aber vielleicht können wir das im Haus machen, bei einem warmen Getränk?"

Wir gingen also ins Haus zurück. Maja war so beschäftigt damit zu erfahren, warum ihr Onkel Robert aussah wie der Nikolaus, dass sie vergaß, mir zu erklären, wer dieser Nikolaus eigentlich ist. Aber so viel verstand ich: Es gibt nur einen Nikolaus, und der bringt in der Nacht vor dem sechsten Dezember Geschenke für die Kinder. Und weil der Nikolaus zu allen Kindern muss und an jenem Abend immer so viel zu tun hat, springen dann manchmal andere Leute für ihn ein. Wie zum Beispiel Onkel Robert.

„Einen Nikolaus darf man nie beißen, hörst du?", mahnte Maja und streichelte mich. „Nie!"

Na gut, dachte ich und strich den Nikolaus in Gedanken von meiner Liste der anzubellenden und im Zweifelsfall zu beißenden Personen.

Dieses ganze Weihnachten mit allem Drum und Dran hatte es wirklich in sich. Was man da als Hund so alles lernen muss!

Das Interessanteste, was ich an jenem Weihnachtsfest lernte, hätte dann allerdings beinahe den Weihnachtsabend ruiniert. Dabei hatte ich das man wirklich nicht ahnen können!

Ich hatte am Weihnachtsmorgen zufällig gehört, wie sich Majas Eltern leise über die Geschenke unterhielten, die das Christkind Maja bringen sollte. Ich war ganz stolz, dass ich wenigstens die weihnachtlichen Begriffe nun gut kannte. Früher hatte ich tatsächlich gedacht, es hieße *Schegenke* und *Strickkind,* und nicht *Geschenke* und *Christkind,* aber man lernt ja nie aus.

Das mit den Geschenken, die Maja unter dem Baum finden würde, fand ich schön. Aber unter welchem Baum sie liegen sollten, das konnte ich mir nicht richtig vorstellen. Wollten sie denn im Garten die Scherberung machen? Halt, nein! *Bescherung,* so heißt es natürlich. Seltsam … Es war doch so kalt! Und verschneit! Ich bellte und schaute fragend.

„Manchmal glaube ich, der Hund versteht jedes Wort", sagte Majas Mama und schüttelte den Kopf. Und dann flüsterten Majas Eltern miteinander. Als ob ich etwas verraten könnte!

Ich ging etwas beleidigt zu meinem Körbchen und döste, bis ich von einem gewaltigen Rumpeln geweckt wurde. Ich stand auf, um zu gucken, was im Wohnzimmer vor sich ging, denn von da kam das Rumpeln. Aber Majas Papa schloss die Tür vor meiner Nase.

„Nein, Charly", sagte er. „Du bleibst besser draußen."

Vielleicht haben sie ja auch Geschenke für mich?, dachte ich. Jetzt freute ich mich richtig auf den Weihnachtsabend, auch wenn ich immer noch nicht verstand, was es damit eigentlich auf sich hatte.

Aber Geschenke sind ja immer gut.

Eine gute Weile später war es so weit.

Aus dem Wohnzimmer ertönte ein Glöckchen.

Maja schaute zu ihrer Mutter und trat ungeduldig von einem Fuß auf den anderen. Die lächelte und nickte, und Maja sagte zu mir: „Charly, jetzt ist Weihnachten!"

Ihre Augen glänzten, und als die Wohnzimmertür von innen geöffnet wurde, starrte ich mindestens so gebannt in den Raum wie Maja.

So hatte es hier noch nie ausgesehen! Der ganze Raum war in Kerzenlicht getaucht.

Ein großer Stapel hübsch eingepackter Geschenke lag auf dem Boden, und daneben standen ein paar Holzfiguren und Schafe und Esel, aber sie waren nicht echt, das sah ich gleich, denn sie waren winzig. Viel kleiner als in Wirklichkeit. Das sah alles sehr hübsch aus, aber das Allerbeste war ein riesiger Tannenbaum, der mitten im Zimmer stand und über und über mit Schmuck behängt war.

Ein großer Stern steckte oben in der Spitze, und überall um die Zweige herum waren Girlanden gewunden.

Der ganze Baum sah aus wie ein riesiges Geschenk – und da verstand ich plötzlich. Der Baum war mein Geschenk! Anders konnte es gar nicht sein! Maja und ihre Eltern hatten ja die bunt eingewickelten Päckchen, und dass man einem Hund kein Päckchen schenkt, das wussten sie wohl. Und sie wussten ganz bestimmt auch, dass man einem Hund keine größere Freude machen kann als mit einem saftigen Knochen zum Fressen und einem *eigenen Baum!* Ich sprang wie

wild vor Freude an allen hoch, und dann stürzte ich im Affenzahn auf meinen Baum zu. Mein, alles mein! Ich hob das Bein und markierte ganz stolz mein neues Revier.

Als ich das Gekreische hörte, dachte ich erst, alle freuten sich mit mir, und ich gab mir Mühe, besonders ausgiebig mein Revier zu markieren. Aber da stürzten schon alle auf mich zu. Majas Mama schrie: „Halt, halt, Charly!", und Majas Papa versuchte, mich vom Baum wegzuschleifen. Das fand ich nun nicht nett, ich war ja noch nicht wirklich fertig mit dem Einweihen meines Geschenks, aber was will man machen.

„Das ist doch ein Weihnachtsbaum, Charly! *Ein Weihnachtsbaum!*" Jetzt verstand ich gar nichts mehr. Natürlich war es ein Weihnachtsbaum, es war doch alles irgendwie gerade weihnachtlich, oder?

Alle starrten mich verzweifelt an, und ich starrte verzweifelt zurück. Und dann begann Majas Papa zu lachen. Er lachte so sehr, dass er sich setzen musste. Dann lachte auch Majas Mama los, und schließlich quietschte Maja so laut, dass es in meinen Ohren klingelte. Alle lachten und lachten und konnten sich gar nicht mehr beruhigen.

„Cha-har-ly", sagte Majas Mama und wischte sich die Lachtränen aus den Augen. „Du armer, armer Hund! Du hast bestimmt gedacht, der Baum ist dein Weihnachtsgeschenk!"

Na, endlich versteht auch mal ein Erwachsener, was Sache ist, dachte ich und wedelte zufrieden mit dem Schwanz.

„Charly, Charly, Charly", stöhnte Majas Papa. „Du wirst für immer in die Geschichte unserer Familie eingehen als der Hund, der an den Weihnachtsbaum gepinkelt hat!"

„Papa hat *pinkeln* gesagt!", rief Maja und kreischte los vor Lachen, und ich dachte, jetzt haben hier alle den Verstand verloren.

„Wie wäre es denn, wenn wir uns alle an die Krippe setzen und Charly die Weihnachtsgeschichte erzählen?", schlug Majas Mama vor.

So machten wir es.

Und so kommt es, dass ich nun weiß, was es mit diesem geheimnisvollen Weihnachten auf sich hat.

Es ist auf alle Fälle ein Fest, an dem sogar Erwachsene uns Hunde ausnahmsweise einmal verstehen.

Wundersame Weihnachtslieder

Am Weihnachtsbaume

Text: Hermann Kletke (1813–1886), 1841

Am Weih-nachts - baume_ die Lich-ter bren - nen, wie glänzt er fest - lich, lieb und mild, als spräch' er: „Wollt' in mir er - ken - nen ge-treu-er Hoff-nung stil-les Bild."

Die Kinder stehen mit hellen Blicken,
das Auge lacht, es lacht das Herz.
O fröhlich seliges Entzücken!
Die Alten schauen himmelwärts.

Am Weihnachtsbaume, da hängt 'ne Pflaume.
Wer hat die Pflaume da hingehängt?
Das war mein Bruder, das olle Luder,
der hat die Pflaume da hingehängt.

Textbearbeitung: Biermann/Kacirek/Koppe
Zu finden in: *Am Weihnachtsbaume. Die 24 tollsten Weihnachtslieder*,
von Franziska Biermann, Nils Kacirek und Susanne Koppe,
Carlsen Verlag (Terzio), Hamburg 2013/Berlin 2010.

Ihr Kinderlein, kommet

Textbearbeitung: Susanne Weber

Ihr Kin - der - lein, kom - met, o kom - met ins All! Und seht, wie in
Zum Mon - de her kom - met, zum leucht - ten - den Ball!

die - ser be - son - de - ren Nacht die strah - len - de Er - de für Freu - de uns macht!

O seht, wie die Erde glänzt im schönsten Schein,
sie könnte auch gut eine Christbaumkugel sein.
Der riesige Christbaum steht mitten im All,
ein Schlitten kommt näher mit Überschall.

Im Schlitten, da sitzt er, der Weltraumweihnachtsmann.
Mit seinen Zügeln lenkt er das Gespann.
Und seht, wie er nun unsre Erde umkreist
und sie bepudert, sie wird glitzernd weiß.

Wie fein, auf der Erde gibt's zu Weihnacht Schnee.
Woher kommt denn der nur, habt ihr 'ne Idee?
Ihr seht, was in dieser besonderen Nacht
der Weltraum für schöne Geschenke uns macht.

Mathias Jeschke

Die Weihnachtssuppe

Familie Fink
ist nicht stink-
reich, nein, nein,
ihr Beutel ist klein.

Zur Weihnacht –
wär doch gelacht! –
gibt's halt nur Suppe
für die ganze Truppe.

Sie laden groß ein
und machen sich fein.
Gewärmt ist der Raum,
beleuchtet der Baum.

Da kommen die Gäste
und bringen zum Feste
vom Vortag die Reste:
vom Guten das Beste.

Es kommen die Raupen,
sie bringen Graupen.
Drossels von drüben
mit gelben Rüben.

Schnecke und Schneck
kommen mit Speck.
Ein Rudel von Pudeln
bringt die Nudeln.

Vater Fink beheizt
den Ofen, geizt
nicht mit Gewürzen.
Um's abzukürzen:

Unter den Festen
war's eines der besten.
Die Freunde lachten
noch lang an Weihnachten.

Bettina Obrecht

Der Weihnachtshase

„Zu Oma und Opa? Ausgerechnet über Weihnachten?" Mia starrt
ihre Mutter fassungslos an.

Per stupst sie in die Rippen. „Du sollst sie doch nicht Oma und Opa
nennen", flüstert er.

„Ich meine – zu Jo und Jenny?", verbessert sich Mia. „Könnten wir
nicht nach Weihnachten … oder vorher?"

Aber ihre Mutter schüttelt den Kopf. „Es ist alles ausgemacht. Sie
freuen sich schon auf euch."

Mia lässt den Kopf hängen. Natürlich mag sie ihre Großeltern Jo
und Jenny. Die beiden sind so schön verrückt, machen immer, was
ihnen gerade gefällt, und kümmern sich überhaupt nicht darum,
was andere Leute denken.

Es kann aber sein, dass sie genau so Weihnachten feiern werden:
völlig verrückt und ohne darauf Rücksicht zu nehmen, was andere,
zum Beispiel Mia und Per, darüber denken.

Ihre Mutter runzelt die Stirn. „Jetzt zieht keine langen Gesichter",
sagt sie. „Zum ersten Mal können wir mit den beiden Weihnachten
feiern. Bisher waren sie ja immer irgendwo auf der Welt unterwegs."

„Eben", sagt Mia leise.

Papas Eltern Jo und Jenny reisen mit ihrem kleinen Campingbus gerne durch die Welt. Sonst haben sie Weihnachten jedes Jahr in einem fernen Land, zum Beispiel in Marokko, Nepal oder Peru, verbracht und bestenfalls mal kurz angerufen.

Aber im letzten Sommer haben sich die beiden ganz in der Nähe ein kleines altes Häuschen mit einem großen Garten gekauft, sieben dicke braune Hühner und vier Katzen angeschafft, und nun wollen sie in nächster Zeit nicht mehr wegfahren.

„Können die das denn?", fragt Mia. „Weihnachten feiern?"

Mama sieht sie strafend an, als hätte sie etwas sehr Dummes gesagt, und schüttelt den Kopf.

Per und Mia packen alles in ihre Rucksäcke, was mit Weihnachten zu tun hat: Fenstersterne und Kerzen, einen gehäkelten Schneemann, Lametta und kleine hölzerne Engel, sogar die Ausstechformen für die Plätzchen, obwohl die wahrscheinlich nicht mehr gebraucht werden.

Per packt seinen Hund Knuddel ein, dem er eine Nikolausmütze aufgesetzt hat.

Auch Mama stopft ziemlich viel in ihre Tasche: Plätzchen, Stollen, Lebkuchen und Marzipankartoffeln, Mandarinen und Nüsse. Sie packt ihre Feiertagsbluse ein und den schönsten dunkelblauen Pullover von Papa.

Die Fahrt zu Jo und Jenny dauert eineinhalb Stunden. Mia und Per haben große Lust, schon jetzt alle Lebkuchen und Marzipankartoffeln aufzuessen, aber Mama sagt: „Kommt nicht infrage! Bei Jo und Jenny gibt es keinen Laden, wo wir etwas nachkaufen können!"

Mia freut sich auf die Katzen. Per freut sich auf

die Hühner. Trotzdem wären beide lieber erst nach Weihnachten zu Jo und Jenny gefahren.

Mama biegt auf die Holperstraße zum Haus der Großeltern ab. Die hat noch mehr Schlaglöcher als beim letzten Besuch.

„Mann, Mann, Mann", sagt Papa und hält sich am Griff der Beifahrertür fest.

Mama fährt sehr langsam, damit ihr keine Katze und kein Huhn unter die Räder geraten.

„Ich sehe Jenny!", ruft Per und hüpft auf dem Rücksitz auf und ab.

Jenny kann man nicht übersehen, denn sie trägt eine weite, bunte Flickenjacke und einen rot-gelb-grünen Häkelhut.

„Herzlich willkommen!", ruft Oma Jenny, als sie aussteigen. „Und frohe Weihnachten!"

„Weihnachten ist erst morgen", verbessert sie Mia.

„Macht doch nichts", sagt Oma Jenny. „Richtige gute Wünsche halten länger als einen Tag."

Mia verdreht die Augen.

Und dann muss sie ganz schnell eine supersüße Katze streicheln.

Mia und Per haben mit dem Schlimmsten gerechnet. Doch die Wirklichkeit ist noch schlimmer.

„Ich habe schon geschmückt", sagt Oma Jenny stolz. „Jo hat mir geholfen."

Sie öffnet die Tür zum Wohnzimmer ganz weit.

„Oh", sagt Mama. „Das ist … bunt."

Dann schweigen alle.

Das Wohnzimmer sieht aus wie ein Stück Dschungel, in dem anstelle von Lianen Luftschlangen und Blumengirlanden wachsen. In der

Mitte der Decke dreht sich eine Spiegelkugel, die kurze Lichtblitze durch das Deko-Dickicht schleudert.

Mama macht ganz vorsichtig einen Schritt ins Zimmer. Die Luftschlangen schiebt sie dabei sanft zur Seite.

„Ist das nicht gefährlich?", fragt sie vorsichtig. „Ich meine, wegen der Kerzen. Es könnte ein Feuer geben."

„Welche Kerzen?", fragt Oma Jenny mit gerunzelter Stirn.

„Die am Baum zum Beispiel", sagt Mia.

„An welchem Baum?", fragt Oma Jenny prompt.

Und da müssen Per und Mia ganz starr auf den Boden sehen und dürfen nicht blinzeln, sonst könnte noch jemand auf die Idee kommen, dass sie weinen.

„Ich mache nur Witze", sagt Oma Jenny. „Natürlich haben wir einen Baum. Kommt mit."

Mia und Per folgen ihr. Per ist so klein, dass er unter den Luftschlangen durchpasst, aber Mia bleibt dauernd hängen.

In der Ecke steht Oma Jennys großer, alter, fieser Kaktus namens Grimmbart. Oma hat kleine Sterne und Monde aus Goldpapier zwischen seine Stacheln gesteckt und ihm eine bunt blinkende Lichterkette über die ausgestreckten Arme gelegt.

„Ist er nicht wunderschön?", fragt Oma Jenny stolz.

„Es sieht aus wie bei einer Party", sagt Mia.

„Ja, genau!" Jetzt ist auch Opa Jo hereingekommen. „Wir feiern die beste Weihnachtsparty, die ihr je erlebt habt. Hoffentlich kommen alle Gäste, die wir eingeladen haben."

Jetzt dreht sich Mama um. „Welche Gäste denn?", erkundigt sie sich.

Oma lacht. „Überraschungsgäste!" Sie greift in die Tasche ihrer bunten Jacke, zieht eine Tröte hervor und stößt kräftig hinein.

110

„Ich dachte …", fängt Mama an, aber dann verstummt sie.

Jetzt kommt auch Papa ins Haus. Opa hängt ihm zur Begrüßung feierlich eine rot-weiße Girlande aus Plastikblumen um den Hals.

„Hier sieht es ja schon sehr festlich aus", sagt Papa. „Sehr schön." Er sieht sich strahlend um.

Per und Mia starren ihren Papa an. Kann es sein, dass er plötzlich so verrückt ist wie Jo und Jenny? In den vergangenen Jahren hat er doch einen ganz normalen Baum geschmückt, Kerzen aufgestellt und Sterne ans Fenster gehängt, wie andere Leute auch.

Papa legt Mia die Hand auf die Schulter. „Warum muss man an Weihnachten ernst sein?", fragt er. „Es ist doch eigentlich ein Freudenfest."

„Na ja, eigentlich …", fängt Mama noch einmal an, aber sie verstummt und greift nach einem Plüschhäschen in Regenbogenfarben, das mitten auf dem niedrigen, runden Holztisch sitzt.

„Aber das gehört zu Ostern, oder?"

Oma schlägt sich an die Stirn. „Die Eier!", ruft sie. „Bestimmt sind die Eier jetzt geplatzt!" Und sie hastet in Richtung Küche.

Mia presst die Lippen aufeinander, und dann geht sie ans Auto und holt alle Sterne und Kerzen und die Schäfchen und die Marzipankartoffeln.

„Ich fürchte, Kerzen sind hier wirklich zu gefährlich", sagt Opa Jo, als sie ihre Schätze im Zimmer verteilen will. „Deine Muttter hat recht. Sie könnten die Luftschlangen anstecken."

„Wir brauchen ja keine Luftschlangen", knurrt Mia.

Aber Opa Jo lacht. „Ein Fest ohne Luftschlangen?", fragt er. „Da kennst du deine Oma schlecht. Letztes Jahr in Kathmandu …"

Mia will keine Geschichten aus Kathmandu hören.

Zwei kleine Tigerkatzen sind mit Mia hereingekommen. Sie schlagen mit den Pfoten nach den gelb-rosa Luftschlangen, die sich im Luftzug bewegen. Per lacht sich kaputt.

„Hilf mir mal", schnappt Mia und hält ihm einen Strohstern hin. Aber Per streichelt lieber die Katzen. Dann pustet er gegen die Luftschlangen. Eine der Katzen springt hoch und packt die Luftschlange, die natürlich zerreißt. Nun kämpft sie am Boden weiter, und die zweite Katze spielt mit.

„Katzen würden auf jeden Fall mit Luftschlangen Weihnachten feiern", stellt Per zufrieden fest.

„Helft ihr beim Eierfärben?", ruft Oma Jenny aus der Küche.

„Nein!", schreit Mia ganz laut. Sie presst sich die Hände auf die Ohren. Oma Jenny ist ja eine richtige Weihnachtszerstörerin!

„Was hat sie denn?", fragt Opa Jo erstaunt.

„Sie meint, dass bunte Eier nicht zu Weihnachten gehören", erklärt Mama.

Mia ist nicht klar, ob Mama die Luftschlangen-Oster-Weihnachten genauso schrecklich findet wie sie.

„Ja, aber wer weiß, ob wir an Ostern noch leben?", wendet Opa Jo fröhlich ein. „Oder wo wir dann gerade unterwegs sind? Vielleicht reisen wir durch die Sahara. Da bekommt man bestimmt keine frischen Eier. Die werden in der Hitze schnell schlecht, und dann fängt man sich ruckzuck eine Lebensmittelvergiftung ein. Vor fünf Jahren …"

„Ich dachte, ihr wollt eine Weile in Deutschland bleiben", sagt Mama.

„Ja, schon." Opa bückt sich nach der Katze und krault sie hinter den Ohren. „Es ist ja noch lange nicht Ostern. Jedenfalls schadet es nie, auch zu Weihnachten vorsichtshalber noch ein paar Eier zu färben."

Da dreht sich Mia um und rennt aus dem Zimmer. So ein blödes, völlig falsches Weihnachtsfest will sie überhaupt nicht feiern. Sie kneift die Augen zu und wünscht sich ganz fest, dass heute Nacht Schnee fällt, ganz viel Schnee, so viel Schnee, dass Oma Jenny und Opa Jo sich morgen früh zum Hühnerhaus durchgraben müssen. So viel Schnee, dass die Bäume sich unter seinem Gewicht biegen und kein Mensch auf der Welt, egal, wie verrückt er ist, Weihnachten mit Ostern verwechseln kann.

Keiner kümmert sich darum, dass für Mia gerade die Weihnachtswelt untergeht. Mia hört fröhliche Stimmen, rhythmische Musik, die nach Sommerurlaub klingt, Klappern und Plappern aus der Küche. Selbst Per macht mit! Wahrscheinlich taucht er gerade weiße Hühnereier in blaue und rote Farbtöpfe. So klein und dumm ist Per noch. Aber dann merkt Mia, dass sie Hunger hat. Sie steht also vom Bett auf und geht zurück ins Wohnzimmer. Mama hat inzwischen ein Gesteck aus Tannenzapfen und Kerzen auf den Tisch gestellt und einen großen, bunt blinkenden Stern ans Fenster gehängt.

„Ist der aber schön!", sagt Omi Jenny beeindruckt. „Ich glaube, mein blinkender Halloween-Kürbis würde gut darunterpassen!"

„Nein!", schreit Mia.

Omi Jenny wendet sich zu ihr um. „Du magst keinen Kürbis, oder?"

Mia schüttelt den Kopf.

„Na gut", sagt Omi Jenny. „Obwohl Kürbis gesund ist. Na, morgen gibt es ja ein Festessen, das schmeckt allen."

„Was gibt es denn?", fragt Per.

„Keine Ahnung", sagt Oma Jenny. „Jeder bringt etwas mit."

„Jeder?", fragt Mia misstrauisch. „Wer kommt denn?"

„Nur ein paar Leute", sagt Oma Jenny. „Unsere Nachbarn, die keine Kinder haben, der Briefträger, die Frau, die mittwochs mit dem

Fischwagen vorbeikommt …" Sie sieht Opa Jo an. „Wen habe ich vergessen?"

„Die somalische Familie aus dem Flüchtlingsheim", sagt Opa Jo.

„Richtig." Oma Jenny nickt. „Und der chinesische Student, der im Supermarkt an der Kasse jobbt."

Mama starrt Oma Jenny an. „Aber …", fängt sie an.

Papa fällt ihr ins Wort. „Das ist ja fast wie früher!", sagt er strahlend.

Mama sieht ihn verblüfft an. „Davon hast du nie erzählt."

Papa zuckt nur mit den Schultern. „Du wirst schon sehen", sagt er. „Das wird ein tolles Fest."

Und er greift nach einem rot-silbernen spitzen Hütchen, setzt es auf, streift sich das Gummiband unters Kinn und wuschelt Mia durch die Haare.

Mama starrt ihn an, als sähe sie ihn zum ersten Mal.

Da schnappt sich Per sofort auch ein Hütchen.

Aber Mia wird niemals im Leben ein dämliches Faschingshütchen aufsetzen, wenn doch in Wirklichkeit Weihnachten ist!

Und sie wird keine gefärbten Eier essen.

Und sie wird Mama bitten, morgen Kartoffelsalat und Würstchen zu machen, wie immer an Heiligabend. Und das komische Essen, das die vielen komischen, fremden Gäste mitbringen, wird sie überhaupt nicht anrühren.

Oma Jenny beobachtet Mia aufmerksam. „Gefällt dir etwas nicht?", fragt sie bekümmert.

Mia schüttelt einfach nur den Kopf.

„Komm mit", sagt Oma Jenny und geht mit Mia in die Küche.

Eigentlich möchte Mia gar nicht in die Küche gehen, weil da garantiert die gefärbten Eier herumliegen und alles andere, was nicht zu

Weihnachten passt. Aber Oma Jenny geht so energisch voraus, dass sie ihr einfach folgen muss.

Oma Jenny schließt die Küchentür hinter Mia.

„Nun sag mir, was dir nicht gefällt", sagt Oma Jenny freundlich.

Mia zeigt auf die bunten Eier.

„Ich weiß", seufzt Oma. „Die Farben sind nicht so schön leuchtend wie auf der Verpackung."

„Es gibt keine Weihnachtseier", sagt Mia.

Oma betrachtet die Eier nachdenklich. „Jetzt schon", sagt sie. „Das siehst du ja. Es gibt alles, was man sich ausdenkt."

„Aber ich will keine Weihnachtseier!", ruft Mia.

Jetzt nickt Oma Jenny. „Das ist natürlich etwas anderes", sagt sie. „Dann muss ich die Eier eben verstecken."

„Nein!", schreit Mia. „Das macht man an Ostern, nicht an Weihnachten!"

„Aber warum denn?", fragt Oma Jenny. „Verstecken macht doch auch an Weihnachten Spaß."

„Nein!", schreit Mia. „Hasen und Eier und Verstecken gehören nicht zu Weihnachten! Ihr wisst überhaupt nicht, wie man Weihnachten feiert!"

„Oje", sagt Oma bekümmert und lässt sich auf einen Stuhl sinken. Sie stützt den Ellbogen auf den Tisch und das Kinn in die Hand. „Das ist ja dumm. Was machen wir denn jetzt?"

Sie sieht so ernsthaft ratlos aus, dass Mia ein schlechtes Gewissen bekommt. Hat sie ihrer Oma Jenny jetzt das Fest verdorben? Oma Jenny kann doch nichts dafür, dass sie sich mit Weihnachten nicht mehr auskennt. Sie ist so viele Jahre nicht hier gewesen.

„Jetzt habe ich gar kein Geschenk für dich und Per", fährt Oma fort.

Sie streicht sich die Haare aus der Stirn und schüttelt den Kopf. „Ich habe wohl alles falsch gemacht."

Nun wird es Mia aber wirklich unheimlich. Was soll das bloß heißen, dass Oma keine Geschenke für sie hat? Das kann doch gar nicht sein.

„Ich hätte ja Geschenke gehabt." Oma sieht Mia an. „Aber ich habe das Falsche besorgt. Ich kann es dir leider nicht schenken."

„Was ist es denn?", fragt Mia. Fragen kann sie ja mal, auch wenn es um ein Geschenk geht, das nicht zu Weihnachten passt.

„Ach, vergiss es." Oma Jenny winkt ab. „Ich war aber auch zu dumm."

„Kannst du es mir zeigen?", fragt Mia.

„Nein, nein", sagt Oma Jenny. „Ich hätte es wissen müssen." Sie seufzt schwer. „Schade. Dabei sind sie so niedlich."

Niedlich?

„Ich könnte es mir natürlich mal ansehen", sagt Mia vorsichtig.

„Nein", sagt Oma Jenny und steht auf. Sie stellt einen Topf in die Spüle und füllt ihn mit Wasser. „Es ist ja noch gar nicht Weihnachten. Bis morgen kann ich sie vielleicht noch zurückgeben."

„Aber ich möchte wissen, was es ist", jammert Mia.

Oma Jenny dreht das Wasser zu und fängt an, den Topf auszuschrubben. Sie antwortet nicht mehr. Mia hüpft von einem Fuß auf den anderen.

„Ist es im Keller?"

„Nein", sagt Oma, ohne aufzusehen, und schrubbt kräftig weiter.

„Auf dem Speicher?"

„Nein, nein." Oma Jenny stellt den Topf auf das Abtropfgitter.

„Im Schuppen?"

„Na ja …", sagt Oma Jenny. „Aber es gefällt dir nicht."

Mia rennt schon aus der Küche. Sie stürzt durch den Flur, stößt die Haustür auf, rennt ins Freie und fällt dabei beinahe über eine Katze, die auf dem Fußabstreifer gewartet hat. Die Katze folgt ihr in den kleinen Schuppen, in dem es nach Staub und Mäusen riecht. Es ist ziemlich dunkel im Schuppen, und Mia findet keinen Lichtschalter.

„Du hast es gut", sagt sie zu der Katze. „Du kannst im Dunkeln sehen."

Sie sieht sich um. Eine Katze ist sie nicht, aber auch ihre Augen gewöhnen sich ein bisschen an die Dunkelheit.

Es raschelt. Hier gibt es jede Menge Mäuse, vielleicht sogar Ratten. Eigentlich hat Mia Angst vor Ratten. Aber sie geht auf das Geräusch zu. Und da sieht sie den Stall mit den zwei Maschendrahttüren. Ihr Herz schlägt ganz schnell. Sie geht in die Knie und späht durch das Gitter. Osterhasen. Zwei Stück.

Natürlich keine Osterhasen. Einfach nur zwei Kaninchen sind es, die sich überhaupt nicht darum kümmern, ob draußen Frühling oder Winter ist. Sie riechen nicht nach Blumenwiesen und nicht nach Lebkuchen, sondern nach Heu und Kaninchenpipi. Ein Kaninchen ist

braun wie das Holz des Stalls, das andere schwarz mit weißen Ringen um die Augen.

„Frohe Weihnachten", sagt Mia. Dann öffnet sie eine Stalltür und fasst vorsichtig nach dem braunen Kaninchen. Es ist so weich wie eine Flaumfeder.

Mia hört Schritte. Sie dreht sich um. Oma Jenny steht da.

„Pass auf, dass sie nicht entwischen", sagt sie. „Ich muss sie schließlich zurückbringen."

„Nein!", sagt Mia. Sie hätte es gerne geschrien, aber sie möchte die Weihnachtshasen nicht erschrecken.

„Wir kaufen dafür etwas Weihnachtliches", verspricht Oma Jenny.

„Etwas, was man in Geschenkpapier einpacken kann."

„Aber …", fängt Mia an.

Oma Jenny winkt ab. „Ist nicht so schlimm. Ich bin sehr dumm gewesen. Ich verstehe einfach nichts von Weihnachten, das ist alles." Sie schließt die Stalltür.

Mia hält ihre Hand fest. „Man kann Tiere bestimmt nicht zurückgeben", wendet sie ein.

„Mach dir keine Gedanken", sagt Oma. „Das klappt schon."

Mia schluckt. Sie holt tief Luft.

„Kann ich eins behalten?", fragt sie ganz leise.

Oma Jenny strahlt. „Aber natürlich! Meinst du denn, dein Bruder wäre auch bereit, einen Weihnachtshasen anzunehmen?"

Mia nickt. Sie ist ganz sicher, dass Per sich über das Kaninchen freuen wird wie ein Schneehase.

„Dann verraten wir ihm nichts", beschließt Oma Jenny. „Schaffst du es, bis morgen nichts zu sagen?"

Mia nickt.

Morgen!

So eine lange Zeit noch ohne Kaninchen!

Nur gut, dass es so viel zu tun gibt. Sie muss sich ein Festkostüm aus-
denken, bunte Tücher über die Lampen hängen, Kürbisfiguren aufstel-
len und Eier verstecken.

Und so kommt der große Moment dann doch ganz schnell.

Der chinesische Student berichtet, dass er im Jahr des Hasen geboren
ist. Die somalische Familie erzählt ein Märchen aus ihrer Heimat,
in dem der Hase eine große Rolle spielt. Der Briefträger singt ein
Hasenlied, und die Nachbarin, die keine Kinder hat, will erklären, wie
man einen guten Hasenbraten zubereitet, aber als sie einen Schritt
rückwärts macht, pikst sie der alte Kaktus Grimmbart ganz heftig in
den Arm, und sie sagt lieber nichts mehr. Die Frau vom Fischauto
erklärt, dass ein Seehase kein Hase ist, sondern ein ganz normaler
Fisch. Per stellt seinem Hund Knuddel das neue Kaninchen vor. Und
dann setzen sich alle bunte Hütchen auf, und Oma legt kubanische
Tanzmusik auf, und die beiden Weihnachtshasen knabbern an Mamas
rotem Weihnachtsstern.

Es ist ein komisches Weihnachtsfest, aber das schönste komische Fest
in Mias Leben.

Wundersame Weihnachtsleckereien

Kartoffelchips-Kekse

120 g weiche Butter

50 g weißer Zucker

70 g brauner Rohrzucker

2 Eier

100 g blütenzarte Haferflocken

½ TL Backpulver

70 g gehackte Haselnüsse

70 g Kartoffelchips mit Paprika, fein zerbröselt

70 g Rosinen

Die weiche Butter nach und nach mithilfe des Mixers mit dem Zucker verrühren, Eier nacheinander unterrühren.
Haferflocken mit Backpulver mischen und ebenfalls unterrühren.
Haselnusskerne, Chipsbrösel und Rosinen unterheben.
Den Teig mit zwei Teelöffeln in Häufchen auf mit Backpapier ausgelegte Backbleche setzen und bei 180 Grad 12–15 Minuten backen.

Lakritzkeksmännchen

125 g weiche Butter
125 g Zucker
1 Messerspitze Salz
200 g Mehl
2–3 EL Milch
50 g gemahlene Haselnüsse
2 EL Lakritzpulver
Zum Verzieren: Zuckerguss aus Puderzucker und Wasser

Butter, Zucker, Salz und Lakritzpulver schaumig schlagen. Nüsse und Mehl mischen und mit der Milch gut unterrühren. Den Teig 1 Stunde kalt stellen.
Je einen gehäuften Esslöffel Teig ca. 0,5 cm dick ausrollen. Mit einem Messer Figuren modellieren und auf Backpapier setzen. Bei 200 Grad 10–15 Minuten goldbraun backen.
Mit einem feinen Pinsel während des Abkühlens mit Zuckerguss verzieren.

arne rautenberg

osterweihnacht

ein osterei zu gut versteckt
wurd heiligabend erst entdeckt

und aus dem sack vom nikolaus
schaut frech ein hasenohr heraus

Uwe-Michael Gutzschhahn

Der Weihnachtsdieb

Der Weihnachtsmann bleibt dieses Weihnachten zu Haus,
packt die Geschenke alle lieber selber aus
und schickt bloß seinen leeren Schlitten auf die Reise.

Die Rentierschar holt durch den Schornstein superleise
ihm unsern Weihnachtsbraten und den Weihnachtskuchen,
den Ma und Pa verzweifelt schon im Kühlschrank suchen.

Zum Schluss auch noch den bunt geschmückten Weihnachtsbaum,
flutsch geht der durch den Schornstein hoch, ihr glaubt es kaum.
Ehrlich, dies Jahr könnt ich den Weihnachtsmann verfluchen.

123

Wundersames Weihnachtswissen

Wer bringt nun eigentlich die Geschenke, der Weihnachtsmann oder das Christkind? Die beiden teilen es sich auf: Der Weihnachtsmann arbeitet im Norden, Osten und in der Mitte Deutschlands, und das Christkind beliefert den Süden und den Westen Deutschlands mit Geschenken. In Italien ist es die Hexe Befana. Sie kommt allerdings erst am 6. Januar, weil sie, so sagt man, auf der Suche nach dem Jesuskind tagelang durch die Gegend irrt.

In der Krippe tummeln sich normalerweise das Jesuskind, Maria und Josef, ein Engel, die Hirten, die Heiligen Drei Könige und Ochse und Esel. In Katalonien, einem Teil von Spanien, findet man jedoch in jeder Krippe auch einen *Caganer*, eine Figur, die mit heruntergelassenen Hosen dasitzt. Das „Scheißerchen", wie man das Wort übersetzen würde, hinterlässt einen kleinen Haufen – und keinen stört's.

Pfui Spinne? Nicht in der Ukraine. Dort ist es üblich, künstliche Spinnennetze und deren Bewohner als Weihnachtsdeko aufzuhängen. Sie sollen Glück bringen.

Die ersten Weihnachtsbäume gab es vor ungefähr 600 Jahren. Damals schmückten aber nicht Christbaumkugeln und Lametta den Baum, sondern Süßigkeiten und manchmal auch Wurst und Käse. Nach den Feiertagen durften die Kinder die Bäume dann plündern.

Kleine
Weihnachtslügen

arne rautenberg

achtung kundschafterwichtel

hüte dich vor den kundschafterwichteln
sie werden dem weihnachtsmann alles berichteln
wie du den schulweg lustlos verbummelst
deinen kleinen bruder beim mau-mau beschummelst
wie du deinen turnbeutel verloren hast
dein taschengeld bloß für schleckramsch verprasst
da kannst du noch so traurig gesichteln
hüte dich vor den kundschafterwichteln

freue dich mit den kundschafterwichteln
sie werden dem weihnachtsmann alles berichteln
wie du dich auf dem schulweg für einen schwachen haust
deinem kleinen bruder helfend über die schulter schaust
wie du dein taschengeld zu geschenken machst
und nach zehn superrollen beim turnen lachst
da kannst du wirklich fröhlich gesichteln
freue dich mit den kundschafterwichteln

Salah Naoura

Bötzkestraße 17

Dieses Jahr ging einfach alles schief. Gleich nach Silvester sagte Papas Chef zu Papa: „Tut mir leid, es gibt grad keine Arbeit mehr." Papa denkt sich Häuser aus und zeichnet sie auf. Aber im Moment werden blöderweise keine neuen Häuser mehr gebaut, also gab es für Papa auch nichts mehr zu zeichnen. Einen Monat später hatte ich Geburtstag, und als Mama meinen Geburtstagskuchen aus dem Ofen holen wollte, rutschte ihr der Topflappen weg, sie verbrannte sich am heißen Backblech und ließ es fallen. Mein Schokokuchen, wo sie mit weißem Zuckerguss noch *Happy Birthday, Max* draufschreiben wollte, klatschte auf den Fußboden und war nur noch Matsch. Dann konnten wir im Sommer nicht nach Griechenland fliegen, weil die Piloten streikten. Dann hatten in meiner Klasse alle Läuse (und Mama bekam auch welche). Dann trat meine kleine Schwester Ida auf dem Weg zum Kindergarten in ein Loch und verknackste sich den Knöchel. (Seitdem humpelt sie ein bisschen, was aber witzig aussieht.) Und dann, am zweiten Advent, verkündete Papa: „Schlechte Neuigkeiten. Der Weihnachtsmann ist krank geworden und liegt mit Fieber im Bett. Da gibt es dieses Jahr wohl leider keine Geschenke."
Ida stampfte vor lauter Wut mit dem Fuß auf – ausgerechnet mit dem Hinkefuß, was so wehtat, dass sie zu weinen anfing. „Nein!", rief sie

schluchzend. „Der Weihnachtsmann *kann* gar nicht krank werden! Der Weihnachtsmann wird niemals krank! Außerdem haben wir ihm im Kindergarten unsere Wunschzettel gemalt. Und auf meinem war die Fee Rosabella!" So hieß die Glitzerpuppe, die Ida sich gewünscht hatte.

Die Tränen schossen ihr aus den Augen wie zwei winzige Springbrunnenfontänen, und Mama guckte ganz erschrocken und sagte: „Aber Schatz …"

Ich war mindestens genauso sauer, denn ich hatte mir ein Waveboard gewünscht. Janek, mein bester Freund, hat auch eins, und ich musste ihn dauernd fragen, ob er es mir mal für fünf Minuten leiht.

„Du lügst doch, Papa!", rief ich wütend. „Ostern hast du uns erzählt, der Osterhase hätte sich ein Bein verstaucht und könnte deshalb leider nicht so viele Ostereier schleppen! Und beim Nikolaus war dieses Jahr ein Loch im Sack, deshalb fiel die Hälfte der Geschenke raus!"

„Aber genau so war es!", verteidigte sich Papa.

„*Ich* glaube, dass wir sparen müssen, weil du nämlich gerade keine Arbeit hast! Und an den Weihnachtsmann glaub ich sowieso nicht mehr."

„Doch, den gibt es!", brüllte Ida. „Du bist blöd!"

„Max, du hältst sofort den Mund!", zischte Mama mich an. (Und wenn Mama zischt, ist nicht mit ihr zu spaßen.)

Papa hatte Tränen in den Augen. Vielleicht, weil ich ihn daran erinnert hatte, dass im Moment leider keine neuen Häuser mehr gebaut werden. Er liebt seinen Beruf wirklich sehr. „Es stimmt aber", sagte er leise. „Der Weihnachtsmann ist krank geworden … Du kannst ja Georg fragen." Georg ist Janeks Vater und außerdem Papas bester Freund – was Papa und ich sehr praktisch finden. Manchmal besuchen wir zusammen unsere besten Freunde: Papa besucht seinen im Wohnzimmer und ich meinen im Kinderzimmer. „Georg weiß alles ganz genau", sagte Papa. „Schließlich arbeitet er beim Fernsehen in der Nachrichtenabteilung."

Janek und ich gehen in dieselbe Klasse, also erzählte ich ihm gleich am nächsten Morgen: „Ich krieg wohl doch kein Waveboard. Stell dir vor, mein Vater meint, der Weihnachtsmann ist krank geworden!" Ich lachte.

„Ja, mein Papa hat es mir erzählt", sagte Janek und klang dabei komischerweise vollkommen ernst. „Es sind echt grad viele krank. Mein Opa auch."

„Dein Opa?", fragte ich. „Den kenne ich ja gar nicht!"

„Der hat bis vor Kurzem in Südpolen gewohnt", erzählte Janek. „Aber jetzt geht es ihm nicht mehr so gut, und er ist in unsere Nähe gezogen, damit Mama ihn jeden Tag besuchen kann …"

Ich wunderte mich, dass Janek Papas Geschichte kein bisschen albern fand. Ich hatte irgendwie erwartet, dass er so was sagen würde wie „Hihi, dein Vater hält dich wohl für blöd!". Tat er aber nicht. Glaubte mein bester Freund etwa noch an den Weihnachtsmann?

Ein paar Tage später brüllte Papa abends durch das ganze Haus. „Los, kommt alle schnell her! Beeilung!"

Mama, Ida und ich rannten ins Wohnzimmer.

„Was ist los?", fragte ich.

Papa deutete auf den Fernseher.

Gerade blickte der Nachrichtensprecher mit ernster Miene in die Kamera und sagte: „Es ist bisher noch niemals vorgekommen, aber offenbar hat sich der Weihnachtsmann so stark erkältet, dass er

zurzeit mit Fieber im Bett liegt. Ob er rechtzeitig vor Weihnachten wieder gesund wird, ist unklar. Für viele Weihnachtsgeschenke wird daher mit starken Verspätungen gerechnet … Und nun die Wettervorhersage."

Ida und ich starrten auf den Bildschirm.

Mama stöhnte.

Und Papa sagte: „Na bitte!"

„Dann müssen wir dem Weihnachtsmann eben Hustensaft schicken!", bestimmte meine kleine Schwester, die niemals aufgibt. „Und Kopfschmerztabletten. Und Taschentücher. Und einen dicken Schal. Und …"

„Schatz, der Weihnachtsmann wohnt sehr weit weg, am Nordpol", sagte Papa.

„Egal", sagte Ida. „Wir schreiben ihm einfach einen Brief und erklären ihm, was er machen muss, damit er ganz schnell wieder gesund wird."

„Du kannst doch noch gar nicht schreiben", sagte ich.

„Dann schreibst du den Brief eben", bestimmte Ida.

Ich wollte nicht, aber Papa fand die Idee richtig gut. Geschwister müssen sich gegenseitig helfen, meinte er.

„Aber bis jetzt helfe immer nur ich Ida, und Ida hilft mir nie!", schimpfte ich.

Mama meinte, dass sich das ganz schnell ändern kann, wenn Ida erst ein bisschen größer ist.

„Genau, ich wachse nämlich superschnell! Und dann helfe ich dir auch", versprach meine kleine Schwester.

Also schrieb ich dem Weihnachtsmann einen Brief mit Idas besten Tipps gegen Erkältung. „Probier unbedingt mal aus, beim Gurgeln ein Lied zu singen, das macht Spaß", diktierte sie mir. „Und schreib uns zurück, wie's dir geht!"

Vorne auf den Brief schrieb ich „An den Weihnachtsmann, AM NORDPOL!", und Ida warf ihn feierlich in den Briefkasten vor der Post, weil der am häufigsten geleert wird.

Es verging eine ganze Woche, und jeden Tag, wenn sie aus dem Kindergarten kam, schaute Ida gleich als Erstes nach, ob der Weihnachtsmann ihr schon geantwortet hatte. Aber er schien wirklich sehr, sehr krank zu sein, so krank und schwach, dass er nicht mal einen Stift halten konnte.

„Er hat den Brief doch ganz bestimmt gekriegt, oder, Papa?", fragte Ida. Und dann fing sie an zu weinen, weil ihr plötzlich einfiel, dass dem Postboten am Nordpol wegen der Kälte ja vielleicht der Motor

eingefroren war – Papas Auto hatte nämlich
neuerdings auch Probleme mit dem Ansprin-
gen, weil es morgens draußen schon so kalt
war.

„Ida, mach dir keine Sorgen", tröstete Papa
sie. „Er kriegt *alle* Briefe. Und er wird dir bestimmt antworten."

„Meinst du?", fragte Mama mit besorgter
Miene. „Bei Weihnachtsmännern weiß man ja
nie."

Ehrlich gesagt, glaubte ich nicht daran, dass
der Weihnachtsmann zurückschreiben würde – aber am nächsten Tag lag tatsächlich ein
Brief von ihm in unserem Briefkasten! Ida tanzte vor Glück um mich
herum, als wäre ich ein Weihnachtsbaum. Und dann musste ich ihr
den Brief vorlesen.

„Liebe Ida", stand da, „ich habe mich sehr über deine Post gefreut. Sie
kam ein bisschen verspätet, weil ich im Moment gar nicht am Nordpol bin – da ist es mir zu kalt, das wäre für meine Erkältung gar nicht
gut. Danke für deine Tipps. Der Hustensaft schmeckt scheußlich,
aber ich habe beim Gurgeln *O Tannenbaum* gesungen. Danach ging
es mir schon viel, viel besser. Mal sehen, ob ich rechtzeitig gesund
werde. Schade, dass du nicht herkommen kannst, um mir was vor-
zulesen, dann ginge das Gesundwerden sicher schneller. Dein Weihnachtsmann."

„Ich kann doch noch gar nicht lesen. Aber du kannst es, Max! Los,
frag ihn, wo er wohnt! Dann gehen wir hin, und du liest ihm was
vor", sagte meine kleine Schwester, die niemals aufgibt.

„Muss das sein?", maulte ich.

„Ja", sagte Ida. „Du willst doch auch, dass er schnell gesund wird, oder? Sonst kriegst du doch kein Waveboard!"

Also schrieb ich zum zweiten Mal an den Weihnachtsmann und fragte, wo er zurzeit wohnt. Ehrlich gesagt, glaubte ich nicht daran, dass er uns die genaue Adresse verraten würde – aber zwei Tage später kam ein zweiter Brief!

„Liebe Ida", las ich vor. „Ich wohne in der Bötzkestraße 17. Du kannst mich gern besuchen, aber bitte erst abends ab 17 Uhr! Dein Weihnachtsmann."

„Na siehst du, er hat geantwortet!", freute sich Papa.

„Wie nett von ihm", sagte Mama.

Ida war begeistert. „Max, wie spät ist es? Wann ist 17 Uhr? Können wir schon losgehen? Du kommst doch mit, oder?"

Inzwischen war ich auch neugierig, also brauchte sie mich gar nicht lang zu überreden.

Papa und ich guckten im Internet nach, wo die Bötzkestraße ist. Und meine kleine Schwester packte ihre Krankenschwesterntasche: Nasentropfen, Taschentücher, eine halbe Flasche Hustensaft vom letzten Jahr, ein Märchenbuch und zwei Orangen. Dann gingen wir los. Ich mit langen, großen Bruderschritten und Ida mit kurzen, kleinen Schwesternschritten. Ein bisschen hinkte sie noch. Mit ihrer roten Wollmütze und der prall gefüllten Tasche sah sie aus wie ein humpelndes Rotkäppchen, fand ich.

Praktischerweise ist die Bötzkestraße fast bei uns um die Ecke. Eine kleine Nebenstraße mit alten Häusern, nicht weit von da, wo Janek wohnt.

„Mist", sagte ich, als wir um 17 Uhr vor dem Haus mit der Num-

mer 17 standen. „In dem Brief stand gar nicht, wie der Weihnachtsmann heißt. Wo sollen wir denn jetzt klingeln?"

„Wie dumm du bist", sagte Ida. „Der Weihnachtsmann heißt Weihnachtsmann, wie denn sonst? Also klingeln wir beim Weihnachtsmann."

Ich schaute mir die Klingelschilder an. Auf einem war ein weißer
Aufkleber, auf dem einfach nur W. stand – und dahinter war ein kleiner grüner Tannenbaum gemalt. Also drückte ich den Knopf.

Eine ganze Weile passierte nichts.

Dann knisterte es plötzlich in der Gegensprechanlage, und eine tiefe
Stimme meldete sich.

„Weihnachtsmann?"

„Siehst du!", flüsterte Ida mir zu. „Wir sind's!", krähte sie in den Lautsprecher hinein. „Iiida und Mahax!"

Der Summer summte, und wir drückten zusammen die Haustür auf.
Die Treppen waren so steil und die Stufen so hoch, dass sich Ida
mit ihren kurzen Beinen und dem Hinkefuß ganz schön abmühen
musste. Im vierten Stock sahen wir endlich eine Tür, die einen Spalt
offen stand. Und auf dem Klingelschild war wieder ein gemalter
Tannenbaum zu sehen.

Zögernd trat ich ein. (Ida schubste mich von hinten und flüsterte:
„Hast du jetzt auch einen Hinkefuß? Du bist ja schneckenlangsam!")
Es roch ein bisschen muffig in der Wohnung, fand ich, und der Flur
war nicht sehr hell – ehrlich gesagt, ein wenig unheimlich.

„Hallo?", rief ich.

„Ich bin hier", antwortete die tiefe Weihnachtsmannstimme aus dem
Zimmer am Ende des Korridors.

Ida humpelte eilig los, und ich stolperte hinterher.

Der Weihnachtsmann saß lächelnd in einem weißen Krankenbett mit Rollen. Das Kopfteil war hochgeklappt wie eine Rückenlehne, und über dem Bett baumelte an so einer Art Gestell ein seltsames weißes Dreieck. Ich fragte mich gerade, wozu dieses Dreieck wohl gut war, als der Weihnachtsmann es wie einen Griff umklammerte und sich daran keuchend und schnaufend ein Stückchen weiter hochzog.

Er war ziemlich dick und hatte einen dichten grau-weißen Bart, aber so richtig weihnachtsmännisch fand ich ihn irgendwie trotzdem nicht – mal abgesehen von der rot-weißen Weihnachtsmannmütze, die er auf dem Kopf trug. Unter den Rändern lugten ein paar graue Haare hervor.

Meine kleine Schwester zweifelte keine Sekunde lang, wer da vor ihr in dem Krankenbett saß.

„Weihnachtsmann!", rief sie begeistert.

„Ida!", sagte der Weihnachtsmann und lachte. „Du siehst ja aus wie Rotkäppchen!"

Ich fand, dass seine Aussprache ein bisschen komisch klang. Aber der Weihnachtsmann muss ja alle Sprachen dieser Welt sprechen können, das ist sicher nicht ganz leicht.

„Hallo, Max", sagte er.

„Hallo." Ich nickte.

„Ja, warst du denn auch brav, Ida?", erkundigte sich der Weihnachtsmann.

„Ja, aber hier ist es ganz schön unordentlich", erwiderte Ida, womit sie recht hatte. Kreuz und quer über den Boden waren alte Zeitungen verteilt. Auf dem Tisch stapelten sich schmutzige Gläser und Teller, und auch das hohe Bücherregal, das bis zur Decke ging, war ein einziges Chaos – die Bücher lagen kreuz und quer darin herum!

Zwischen ihnen standen alle möglichen Gegenstände: Glasfigürchen, ein kleiner Holzkasten, ein Sparschwein, ein Nussknacker, ein Telefon und leere Bierflaschen.

„Tja, weißt du, das hier ist ja gar nicht meine eigene Wohnung", erklärte der Weihnachtsmann. „Hier wohne ich nämlich nur, wenn ich Schnupfen habe. Weil es mir am Nordpol dann einfach zu kalt ist und der Schnupfen dort dreimal so lange dauern würde. Normalerweise wohnt hier ein Freund von mir. Aber der ist verreist."

„Das war aber nicht nett von ihm, einfach so zu verreisen, ohne vorher aufzuräumen", sagte Ida. „Das kannst du ihm mal sagen!"

„Mach ich", versprach der Weihnachtsmann.

Ida brachte dem Weihnachtsmann eine Apfelschorle aus der Küche. Dann gab sie ihm Hustensaft und Nasentropfen und verordnete ihm zum Abendbrot eine Orange. Und während sie das alles tat, las ich ihm aus Idas Märchenbuch vor. Erst *Rotkäppchen,* dann *Rapunzel* und zum Schluss noch *Schneewittchen.*

„So, gute Nacht, Weihnachtsmann", sagte Ida, als Schneewittchen endlich ihren Prinzen geheiratet hatte. „Jetzt musst du schlafen."

„Zu Befehl!"

„Aber morgen kommen wir wieder", versprach meine kleine Schwester. „Damit du Weihnachten wieder gesund bist."

In den nächsten vier Tagen gingen wir immer um 17 Uhr zum Weihnachtsmann. Wir lüfteten sein Bettzeug, sammelten die Zeitungen ein und brachten sie zum Altpapiercontainer, räumten das Geschirr in die Geschirrspülmaschine, holten die Bierflaschen aus dem Bücherregal, sortierten die Bücher und stellten sie schön ordentlich hin … Und außerdem las ich ihm so lange aus dem Märchenbuch vor, bis meine Lippen sich ganz fusselig anfühlten.

Papa sagt ja sonst immer, wir sollen nicht mit fremden Leuten sprechen und erst recht nicht zu ihnen in die Wohnung gehen – aber der Weihnachtsmann ist wirklich eine Ausnahme, meinte er.

„Ach, Kinder, ich glaube, ich fühle mich wirklich schon viel besser", seufzte der Weihnachtsmann am vierten Abend, als wir mit allem fertig waren. „Und wie hübsch ordentlich nun alles ist. Da wird sich mein Freund aber freuen, wenn er zurückkommt … Vielen Dank für alles."

„Dann muss Weihnachten doch nicht ausfallen?", fragte Ida.

„Ich denke, dass ihr euch eure Geschenke in diesem Jahr wirklich verdient habt", antwortete der Weihnachtsmann. „Mal sehen, was ich tun kann. Ich habe so das Gefühl, dass ich gleich morgen früh abreisen werde, zurück zum Nordpol."

Es war wirklich wie ein Wunder, und ich konnte es kaum glauben, aber Heiligabend lag ein Waveboard unter unserem Weihnachtsbaum! Sogar genau das Waveboard, das ich mir gewünscht hatte! Und Ida jubelte, als sie ihre Fee Rosabella auspackte.

„Siehst du, den Weihnachtsmann gibt es", sagte meine kleine Schwester, die niemals aufgibt. „Und er hat nicht vergessen, dass wir ihm geholfen haben."

Ich glaube, das stimmt. Denn wenn es anders wäre, hätte ich in diesem Jahr, in dem alles schiefging, nie und nimmer ein Waveboard bekommen. Den Weihnachtsmann gibt es wirklich. Normalerweise wohnt er am Nordpol. Aber wenn er erkältet ist, wohnt er gleich bei uns um die Ecke – in der Bötzkestraße 17.

Mathias Jeschke

Der erkältete Weihnachtsmann

Der Weihnachtsmann war bös' verschnupft,
die Nase er mit Tempo tupft'.
Konnt' mit dem Schnupfen, diesem fiesen,
nur noch „Frohe Woihnocht!" niesen.

Der Weihnachtsmann kam angelofen,
fand 'nen extrawarmen Ofen.
Er setzte sich auf seinen Hintern,
um daselbst zu überwintern.

Der Weihnachtsmann trank Anistee
mit 'ner Prise Alpenschnee.
Doch fror er weiter, war ja klar,
weil der Tee so lauwarm war.

Der Weihnachtsmann schrieb lange Briefe.
„Wenn nur nicht die Nase liefe!",
schrieb er in jeden Brief hinein,
„Ich bin verkühlt, es ist zum Schrei'n."

Der Weihnachtsmann rief selbstvergessen –
trotz Schnupfens – nach dem Mittagessen:
„Wie lieb ich diese Weihnachtsstille
bei roter Grütze mit Vanille!"

Der Weihnachtsmann lag lang im Bett
und fand das ausgesprochen nett.
Brummt' in sein Kissen: „Ach, Geschenke –
wenn ich an das Zeug nur denke!"

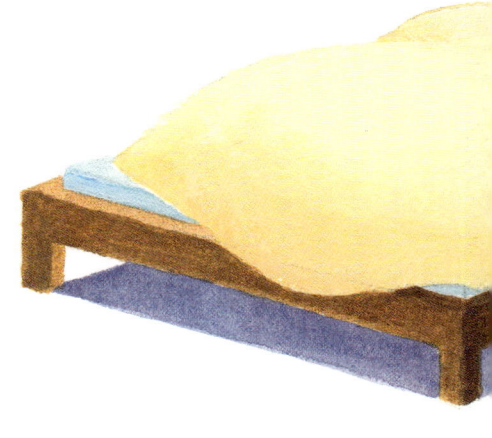

Leckere Mogelpackungen

Buntes Käsegebäck

200 g Mehl
200 g geriebener kräftiger Käse (Old Amsterdam oder Bergkäse)
200 g kalte Butter
½ TL Salz
1 Ei
Zum Verzieren:
1 Eigelb
1 Schuss Milch oder Sahne
Mohn, Kümmel, Sesam, schwarzer Sesam, Sonnenblumenkerne, Pinienkerne

Mehl, Käse, Salz, das Ei und die in kleine Stücke geschnittene Butter mit den Rührhaken des Mixers zu einem Teig verarbeiten und eine Stunde kalt stellen. Den Teig auf einer bemehlten Arbeitsfläche ca. 0,5 cm dick ausrollen und verschiedene Formen ausstechen. Eigelb und Milch bzw. Sahne vermischen und die Plätzchen damit bestreichen. Anschließend mit Mohn, Kümmel, Sesam etc. bestreuen. Auf mit Backpapier ausgelegten Backblechen ca. 12 Minuten bei 180 Grad backen.

Süße Buletten

50 g fein gehackte Sonnenblumenkerne

100 g fein gehackte Rosinen

50 g fein gehackte getrocknete Aprikosen

100 g Weizenmehl

½ TL Backpulver

60–70 g Zucker

1 Messerspitze Zimt, gemahlen

1 Ei

50 g abgezogene, gehackte Mandeln

50 g Butter plus 30 g für den Guss

150 g Stachelbeer-, Erdbeer- oder Kirschkonfitüre

Mehl mit Backpulver mischen und in eine Rührschüssel sieben. Zucker, Zimt, Ei, Mandeln und Butter hinzufügen und mit dem Mixer verrühren. Sonnenblumenkerne, Rosinen und Aprikosen unterrühren.

Aus dem glatten Teig auf einer bemehlten Arbeitsfläche Rollen mit ca. 4 cm Durchmesser formen und 1–2 Stunden kalt stellen.

Teigrollen in etwa 1 cm breite Scheiben schneiden und kleine Buletten daraus formen. Auf mit Backpapier ausgelegten Backblechen bei 180 Grad 15 Minuten backen.

Für den Guss die Konfitüre durch ein Sieb streichen und mit der Butter in einem kleinen Topf unter Rühren etwa 2 Minuten köcheln lassen. Den heißen Guss in Klecksen auf den erkalteten Buletten verteilen und trocknen lassen.

Paul Maar

Wer hat recht?

„Heute kommt der Weihnachtsmann,
kommt mit schönen Dingen!"

„Nein, heut kommt der Nikolaus,
will mir etwas bringen!"

„Stimmt doch nicht! Die Weihnachtswichtel
werden bald erscheinen,
bringen ihre Weihnachtsgaben
den Großen und den Kleinen."

„Alles falsch, was ihr da sagt!
Das Christkind wird heut kommen
und hat auf seinem Weg zu uns
Geschenke mitgenommen."

Zu Haus bei uns, da ist es anders,
anders, als ihr denkt.
Zum Weihnachtsfest, da werde ich
von den Eltern reich beschenkt.
Sie legen die Geschenke,
so ist es immer,
unter den Baum
im Weihnachtszimmer.
Ich freue mich riesig
und lege im Nu
mein Weihnachtsgeschenk
für sie noch … dazu.

Martina Wildner

Das blaue Leuchten

Es war Heiligabend, und eigentlich war alles fertig. Wir hatten den
Christbaum aufgestellt und geschmückt, wir hatten aufgeräumt
und geputzt, aber für die Bescherung war es noch zu früh. Es war ja
noch nicht mal richtig dunkel. Ich saß in der Küche und malte
den Politikern in einer alten Zeitung Bärte. Mein Mann hatte im
Wohnzimmer Wichtiges zu erledigen.
Die Kinder rissen die Küchentür auf. „Mama, dürfen wir iPad?"
„Nein", sagte ich.
„Uns ist aber langweilig. Dürfen wir wenigstens fernsehen?"
„Nein. Spielt doch was." Ich seufzte. Wenigstens an Heiligabend
mal kein iPad und kein Fernsehen. Doch meine Kinder quengelten.
„Wenn wir sonst schon nichts dürfen, dann erzähl uns wenigstens
eine Geschichte."
„Ummp", machte ich und starrte auf meinen gelungenen Vollbart
für eine Ministerin. Mit ihrem Kleid und dem Bart sah sie ein biss-
chen aus wie ein Schafhirte. Ich wollte keine Geschichte erzählen.
Ich wollte dasitzen und weiter Bärte malen.
„Aber du bist doch Schriftstellerin. Für andere Kinder denkst du
dir ständig Geschichten aus, aber für uns nie."
„Ich hab Urlaub", erklärte ich.

„Dann lass uns fernsehen! Oder iPad!"

Ich saß in der Klemme. Wenn die wüssten!, dachte ich. Wenn die wüssten, wie schwierig es ist, eine Geschichte zu erzählen, auch für Schriftsteller. Doch was blieb mir anderes übrig? Ich sagte: „Also gut: Es war einmal …"

„Ja, genau, ein Märchen!", sagte meine Tochter.

„Oder was von einer Killerspinne!", schlug mein Sohn vor.

„Oder eine Weihnachtsgeschichte!"

„Mit Killerspinne!"

Wieder seufzte ich. Das Schwierigste auf der Welt waren Weihnachtsgeschichten. Mit oder ohne Killerspinne. Ich setzte noch einmal an.

„Es war einmal ein Mädchen …"

„Wieso ein Mädchen?", fragte mein Sohn.

„So halt." Ich wollte eine Geschichte von einem armen Kind erzählen. Irgendwie erschien mir da ein Mädchen passender. Ich fuhr fort: „Das Mädchen war sehr arm. Seine Eltern waren gestorben, es lebte mit seinen Großeltern in einer kleinen Hütte hoch oben in den Bergen. Es war Heiligabend, und über Nacht hatte es geschneit. Der Großvater hatte ein kleines, zerrupftes Fichtenbäumchen geschlagen …"

„Wie hieß das Mädchen?", wollte meine Tochter wissen.

„Äh … Vroni." Es war der erste Name, der mir für ein armes Bergmädchen eingefallen war. „Und das magere Fichtenbäumchen schmückte die kleine Vroni mit ein paar Nüssen und Äpfeln. Die Großmutter aber hatte schon tagelang schlimm gehustet. Gegen Mittag musste sie sich hinlegen, weil sie hohes Fieber hatte. Ihr Blick war matt, sie bekam kaum noch Luft und hatte Schüttelfrost. Vroni machte ihr eine Wärmflasche.

‚Wir brauchen einen Arzt', sagte der Großvater. ‚Aber was sollen wir tun? Der Schnee liegt so hoch. Ich schaffe es mit meinem kranken Bein nicht bis ins Tal.'

‚Dann werde ich gehen', sagte Vroni, denn sie spürte, dass es der Großmutter sehr schlecht ging."

„Wieso ruft sie nicht die 112?"

„Das spielt vor über hundert Jahren", erklärte ich ein bisschen ungeduldig. Immer diese Zwischenfragen! „Da gab's noch kein Telefon. Und die 112 schon gar nicht … Also, die Vroni, die zog sich an und machte sich, obwohl der Großvater noch mehrmals versucht hatte, sie davon abzuhalten, auf den Weg ins Tal, um einen Arzt zu holen. Es war ein weiter Weg. Sie stapfte durch den tiefen Schnee, und es schneite immer dichter. Der Sturm peitschte ihr die Flocken ins Gesicht."

Ich sah nach draußen. Der Himmel war grau, die Straße nass, und ein warmer Wind wehte von Westen her. Pünktlich zu Weihnachten hatte ich die ersten Schneeglöckchen im Park entdeckt.

„Die arme Vroni", fuhr ich fort, „kämpfte sich durch die Schneemassen. Ihre Finger in den wollenen Handschuhen waren eiskalt, genau wie ihre Zehen in den löchrigen Lederstiefeln. Nur mit Mühe fand sie den Weg. Der Sturm wurde immer schlimmer. Plötzlich blieb Vroni stehen. Was war das da vorne für ein eigenartiger Felsen? Der war dort doch sonst nicht!

Vroni sah nach rechts und links. Die Schneeflocken blieben ihr in den Wimpern hängen. Sie wischte sie weg. Die steif gefrorenen Handschuhe schmerzten auf den Wangen.

Nein, diese Lichtung kannte sie nicht, auch nicht diese Baumgruppe. Noch mal sah sie sich um. Der eisige Wind schien von allen Richtungen gleichzeitig zu kommen. Sie kehrte um, versuchte, in ihren Spuren zurückzugehen, doch sie waren fast völlig verweht. Auch wurde es zusehends dunkler.

Vroni lief nach links, nach rechts, suchte hier und da, aber alles sah gleich aus und doch ganz fremd. Sie wurde immer müder, der Sturm heftiger, die Kälte kälter und der Schnee tiefer. Sie begann zu weinen. ‚Was mach ich nur, was mach ich nur?‘, flüsterte sie unter Schluchzen. So lief sie noch eine Weile umher, so lange, bis sie völlig erschöpft war. Sie lehnte sich an einen Felsen und starrte in die blaugraue Dämmerung. Um sie herum waren nur wirbelnde Flocken, schwarz ragten ein paar schwankende Fichten auf. Sie kauerte sich auf den Boden. Da sah sie das Loch. Zwischen zwei Felsen befand sich eine Öffnung. Wenigstens bin ich hier vorm Sturm geschützt, dachte sie und kroch unter den Felsen. Es war der Eingang zu einer Höhle. Vroni kroch weiter.

In der Höhle war es sehr dunkel, nur durch den Eingang fiel etwas Licht. Aber immerhin war es trocken und nicht so kalt wie draußen. Hier warte ich ab, bis der Sturm vorbei ist, dachte sie und legte sich hin. Völlig erschöpft schlief sie ein. Als sie aufwachte, war es ganz und gar dunkel. Ob es wohl Nacht ist?, fragte sich Vroni.“

„Warum schaut sie denn nicht auf die Uhr?“

„Sie ist zu arm für eine Uhr“, erklärte ich und redete schnell weiter, um anderen Fragen zuvorzukommen. „Vroni tastete also die kalte Felswand ab, um den Ausgang zu finden. Schließlich gelangte sie an den Spalt, durch den sie in die Höhle hineingeschlüpft war …“

„Findet sie wieder raus?“

Das wäre zu einfach, dachte ich. „Nein, denn er war mit einer dicken Schicht Schnee verschlossen.“

„Warum buddelt sie sich nicht aus?"

„Versucht sie ja. Aber die Schneeschicht war zu dick. Eine Lawine hat den Spalt verschüttet."

Ich stockte. Blöde Idee, das mit der Lawine. Jetzt war sie wirklich gefangen, und sie musste doch ins Tal! Was, wenn die Großmutter über Nacht starb? Und Weihnachten würde Vroni auch verpassen. Dann war meine Geschichte keine Weihnachtsgeschichte mehr. Und womöglich fand Vroni tagelang nicht aus der Höhle, vielleicht sogar erst zu Ostern, und dann würde meine Weihnachtsgeschichte zu einer Ostergeschichte! Ich setzte also wieder an, um Vroni noch eine Chance zu geben. „Die arme Vroni grub und grub, bis sie keine Kraft mehr hatte. Ihr Mund war trocken …"

„Mama, wie lange dauert es, bis man verdurstet ist?"

Auch mein Mund wurde ganz trocken. Ja, stimmt! Vroni hatte in der Höhle ja gar nichts zu essen und zu trinken! Vroni würde verhungern. Aber immerhin sank so die Ostergeschichtengefahr. „Vroni steckte sich", sagte ich entschlossen, „eine Handvoll Schnee in den Mund und lehnte sich erschöpft an die Felsmauer. Vielleicht gibt es noch einen anderen Ausgang!, überlegte sie.

Wieder tastete sie sich an den Felsen entlang, und tatsächlich fand sie einen Durchgang, der in eine andere Höhle führte."

„Ist es in so einer Höhle eigentlich wirklich ganz, ganz dunkel?"

„Hm … ja."

„Hat sie kein Feuerzeug? Papa hat doch auch immer ein Feuerzeug dabei."

„Nein."

„Oder Streichhölzer?"

„Nein", sagte ich. „Hat sie nicht." Nicht, dass rauskam, dass Streichhölzer erst vor achtzig Jahren erfunden wurden! Man musste aufpassen bei solchen Dingen. Ich erklärte: „In der Höhle war es also wirklich ganz, ganz dunkel, so dunkel, dass Vroni bald kaum mehr wusste, wo oben und unten, hinten oder vorne, rechts oder links war. Sie hatte auch keine Ahnung, ob die Höhle klein oder groß war. Ihre Wollhandschuhe waren feucht und kratzten. Sie zog sie aus. So konnte sie sich auch besser an der Wand entlangtasten. Die Steine waren rau, aber trocken. Überhaupt schien es in der Höhle nicht ganz so kalt zu sein wie draußen."

Meine Tochter stand plötzlich auf, lief zum Lichtschalter und knipste das Licht aus. Auch in unserer Küche war es jetzt ziemlich dunkel. Sie schloss die Augen und tastete sich am Küchenregal entlang. „Uuuh, ich bin in einer dunklen Höhle gefangen!"

„Und jetzt kommt aus einem Felsspalt eine Killerspinne!", rief mein Sohn. Meine Tochter öffnete sicherheitshalber die Augen.

„Vroni war sehr erschöpft", fuhr ich mit der Geschichte fort, um weiteren Monstern zuvorzukommen. „In einer Mulde kauerte sie sich zusammen. Hier war es noch wärmer, und es war ein gemütlicher Platz, um auszuruhen. Sie öffnete ihre Schnürsenkel und zog die nassen, löchrigen Schuhe aus."

„Wieso ist es in der Höhle wärmer?", wollte mein Sohn wissen.

„In Häusern ist es ja auch wärmer als draußen."

„Weil es Heizungen gibt."

„Nein, auch ohne Heizung."

„Aber wieso?"

„Stein isoliert", behauptete ich und fuhr eilig fort: „Sie zog also die Schuhe aus und versuchte, mit ihren Händen die Füße zu wärmen. Dann betete sie leise: ‚Lieber, lieber Gott, lass mich wieder aus der Höhle finden.' Dann schloss sie die Augen und schlief ein."

Ich ärgerte mich. Warum hatte ich sie schon wieder einschlafen lassen? Meine Kinder hatten völlig recht. Der Geschichte fehlte die Action! Ein Kampf gegen die Killerspinne auf Leben und Tod. Oder wenigstens ein Wettlauf mit der Zeit ins Tal zum Doktor. Und warum in aller Welt hat sie sich die Schuhe ausgezogen?

In unserer Küche war es jetzt fast ganz dunkel. Das Stück Himmel, das über dem Hinterhaus zu sehen war, schimmerte nur noch schwach. Gegenüber waren die Fenster schwarz. Keiner da, dachte ich und malte neben die Bartministerin, die im Dunkeln noch mehr aussah wie ein Hirte, ein Schaf, dann Hügel, dann noch mehr Schafe und eine Hütte, genauer gesagt, einen Stall, und noch genauer gesagt, *den* Stall.

Mit meiner Geschichte war ich in eine Sackgasse geraten. Vroni würde sterben. Ohne Schuhe! Und wenn sie sich vielleicht doch irgendwann aus der Höhle retten konnte, dann zu spät. Die Großmutter wäre gestorben und der Großvater aus Kummer über seine tote Frau und die verschwundene Vroni womöglich auch. Ach, das war doch alles zu traurig!

Ich malte weiter auf der Zeitung herum und zwängte in den Stall einen Esel und einen Ochsen, dazwischen Maria und Josef. Das kleine Jesuskind lag ganz zart in seiner Krippe. Ich dachte an die arme Vroni, wie sie in ihrer dunklen Höhle kauerte.

„Da fehlt noch der Stern von Bethlehem", sagte meine Tochter und tippte auf die Zeitung. „Da oben."

„Ja", sagte ich und malte einen Stern mit langem Schweif.

„Du kannst schöne Sterne malen", sagte mein Sohn.

„Ach, ja", seufzte ich, der Stern war schön, aber meine Geschichte nicht, denn sie war zu traurig und außerdem langweilig. Vroni schlief ja dauernd!

Ich seufzte noch einmal. Sterne waren so einfach. Man konnte so lange üben, bis man sie konnte. Aber Geschichten! Immer wieder waren sie anders, immer wieder neu, und üben konnte man da gar nichts. Ich seufzte ein drittes Mal.

Da sah ich, wie der gemalte Kugelschreiberstern auf der Zeitung zu leuchten begann, ein bisschen nur, dann heller. Wie schön, dachte ich, er erleuchtet den dunklen Stall mit der Krippe. Ja, auf mein kleines Jesuskindlein fiel ein heller Lichtstrahl, und ich fuhr mit meiner Geschichte fort: „Vroni schlief sehr lange, jedenfalls kam es ihr so vor. Als sie erwachte, schimmerte es von oben her bläulich. Auch war es ihr, als hörte sie Stimmen. War da nicht das Bellen eines Hundes? Vroni rieb sich die Augen. Ihre Finger waren eiskalt. Alles an ihr war kalt, und sie war sehr, sehr müde. Selbst das Augenreiben war ihr zu anstrengend. Doch plötzlich krachte es, und etwas langes Schwarzes bewegte sich auf sie zu."

„Das Bein der Killerspinne!"

„Vroni wollte schreien, aber selbst dazu war sie zu schwach. Das Schwarze entfernte sich und kam wieder näher. ‚Da ist etwas', rief jemand. Wieder bellte ein Hund. ‚Vroni?', rief dieser Jemand. ‚Vroni?' Und wieder bellte der Hund.

Dann fühlte Vroni Hände, die nach ihr griffen, und wieder hörte sie Stimmen. ‚Das ist sie. Vroni? Vroni!!!!'

Vroni öffnete die Augen.

‚Sie lebt!', rief die Stimme. Jetzt kamen noch mehr Hände, Vroni wurde aus der Höhle gezogen und auf eine Trage gelegt. *Bergwacht* stand auf den orangeroten Anoraks der Männer um sie herum. Einer sprach in ein Funkgerät. Vroni sah die Rotorblätter eines Hubschraubers. ‚Vroni', sagte jemand zu ihr. ‚Kannst du mich hören?' Sie nickte."

„Hä, wieso Hubschrauber?", fragte mein Sohn. „Ich denk, das spielt vor hundert Jahren?"

„Sie hat das alles doch bloß geträumt", erklärte meine Tochter.

„Wie jetzt?"

„Vroni wurde von einer Lawine verschüttet … und die Geschichte mit den Großeltern und der Berghütte und der Höhle, das hat sie alles geträumt, während sie verschüttet war. Stimmt's, Mami?"

Ich nickte.

Mein Sohn runzelte die Stirn. „Eine Killerspinne hätte mir besser gefallen", sagte er. In unserer Küche war es jetzt ganz dunkel.

Plötzlich schellte ein Glöckchen. „Hört", sagte ich, „das ist das Christkind."

Meine Kinder rannten los und rissen die Wohnzimmertür auf. Der Christbaum strahlte goldgelb, und es roch nach Kerzenwachs und Tannennadeln.

„Frohe Weihnachten!", rief mein Mann. Meine Kinder stürzten sich auf die Geschenke. Ich blickte zum Baum. Hoch oben über der Tannenspitze schimmerte bläulich ein Stern mit Schweif, genau so einer, wie ich ihn gemalt hatte.

Aber ich glaube, den sah nur ich.

Musikalische Flunkerei

Alle Jahre wieder

Textbearbeitung: Susanne Weber

Al - le Jah - re wie - der kommt der— Weih - nachts - mann. Wir

schrei - ben Wün - sche nie - der,— schi - cken sie ihm dann.

Wir haben tausend Fragen:
Wie wird es wohl sein?
Kann er alles tragen,
oder bricht er sich ein Bein?

Kommt dann die Bescherung,
warten wir gespannt.
Kriegen die Erklärung:
Ist schon weggerannt.

Alle Jahre wieder
fragen wir uns dann:
Gibt's ihn nur in Liedern,
den echten Weihnachtsmann?

Uwe-Michael Gutzschhahn

Die Weihnachtsmänner

Die Weihnachtsmänner
kehren im Jänner
nach Österreich heim.
Weswegen?
Wegen dem Reim.

Wundersames Weihnachtswissen

Für uns hat der Weihnachtsmann einen roten Mantel und einen weißen Bart. Dieses Bild entstand in den 1930er-Jahren durch eine Coca-Cola-Werbung. Davor gab es kein einheitliches Bild vom Weihnachtsmann.

Der angeblich größte Weihnachtsbaum der Welt steht auf dem Dortmunder Weihnachtsmarkt. Er ragt 45 Meter hoch in den Himmel, doch er ist gar kein echter Baum. Er besteht aus 1700 Rotfichten, die auf einem Gerüst zusammengesteckt werden. Der Aufbau dauert vier Wochen.

Die Weihnachtsinsel – eine Insel, auf der immer Weihnachten ist? Das wäre traumhaft. Doch die Weihnachtsinsel befindet sich im Indischen Ozean, und dort liegt leider nie Schnee. Sie gehört zu Australien und ist zum größten Teil mit tropischem Regenwald bedeckt.

Vor fast 200 Jahren gab es die ersten Weihnachtsmänner aus Schokolade. Diese waren noch massiv, das heißt nicht hohl. Die heutigen Mogelpackungen werden im Schleudergussverfahren hergestellt: Eine Hohlform wird ziemlich schnell gedreht, bis sich die heiße und flüssige Schokoladenmasse darin gleichmäßig an den Wänden verteilt hat und erkaltet ist.

Kleine und große Weihnachtswunder

Heinz Janisch

Der Weihnachtsbaum im Garten

Die alte Frau
– eine Dichterin –
schmückt im Garten
einen Baum

Ringe aus Körnern
und alte Brotstücke
kommen auf die Äste und Zweige

Ein Weihnachtsbaum
für die Vögel!

„Frohe Weihnachten!"
sagt die Dichterin

Die Vögel
kommen in den Garten
und zwitschern ihr
Flügel zu

Lieder vom Weihnachtswunder

Stern über Bethlehem

Alfred Hans Zoller (1928–2006), 1964

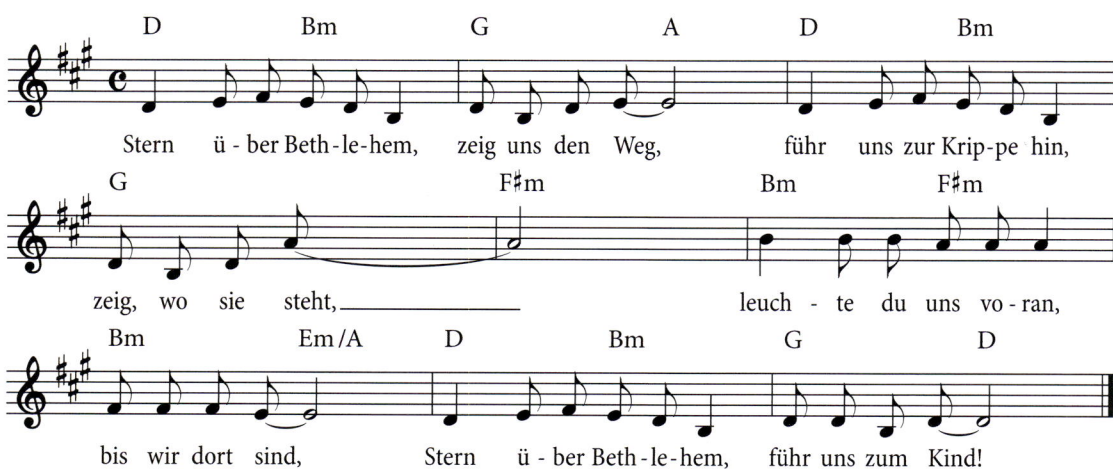

Stern über Bethlehem, zeig uns den Weg, führ uns zur Krip-pe hin, zeig, wo sie steht, leuch-te du uns vo-ran, bis wir dort sind, Stern ü-ber Beth-le-hem, führ uns zum Kind!

Stern über Bethlehem, bleibe nicht stehn.
Du sollst den steilen Pfad vor uns hergehn.
Führ uns zum Stall und zu Esel und Rind,
Stern über Bethlehem, führ uns zum Kind.
Stern über Bethlehem, nun bleibst du stehn
und lässt uns alle das Wunder hier sehn,
das da geschehen, was niemand gedacht,
Stern über Bethlehem, in dieser Nacht.

Stern über Bethlehem, wir sind am Ziel,
denn dieser arme Stall birgt doch so viel.
Du hast uns hergeführt, wir danken dir.
Stern über Bethlehem, wir bleiben hier.
Stern über Bethlehem, kehrn wir zurück.
Steht doch dein heller Schein in unserm Blick,
und was uns froh gemacht, teilen wir aus.
Stern über Bethlehem, schein auch zu Haus.

Der Christbaum ist der schönste Baum

Johannes Carl (1806–1887), 1842

Der Christ-baum ist der schöns-te Baum, den wir auf Er-den ken-nen. Im Gar-ten klein, im eng-sten Raum, wie lieb-lich blüht der Wun-der-baum, wenn sei-ne Lich-ter bren-nen, wenn sei-ne Lich-ter bren-nen, ja bren-nen.

Denn sieh, in dieser Wundernacht
ist einst der Herr geboren,
der Heiland, der uns selig macht.
Hätt' er den Himmel nicht gebracht,
wär' alle Welt verloren, verloren.

Doch nun ist Freud' und Seligkeit,
ist jede Nacht voll Kerzen.
Auch dir, mein Kind, ist das bereit't,
dein Jesus schenkt dir alles heut',
gern wohnt er dir im Herzen, im Herzen.

O lass ihn ein, es ist kein Traum,
er wählt dein Herz zum Garten,
will pflanzen in den engen Raum
den allerschönsten Wunderbaum
und seiner treulich warten, ja warten.

Annika Scheffel

Wie man Weihnachten feiert

Einmal wollten Mama, Papa und ich Weihnachten normal feiern.
Wie es dazu kam? Das ist eine ziemlich lange Geschichte, und sie hat
mit Sommer in Grönland und Frau März aus dem Supermarkt und
einer wahnsinnig langen Schiffsreise und mit einem Wellensittich
und mit Schneewattewolken zu tun. Und mit meinen Freunden:
mit Max, Marie und Luise und Emil, mit Johanna und Johann, mit
Knut, mit Mia und Raphael, mit Sami und mit Lukas und Benno.
Und mit meiner Lehrerin, Frau Fink. Und natürlich mit Mama und
Papa und mit mir.

Also, wie es dazu kam: Meine Mama macht gerne alles ganz, ganz
anders. In den letzten Sommerferien waren wir zum Beispiel auf
Grönland.
„Das wäre doch mal was anderes", hat Mama fröhlich verkündet.
„Wir können Schlitten fahren und Schneemänner bauen und müssen
nicht schwitzen."
„Aber frieren", hat Papa gesagt und mit den Zähnen geklappert.
„Ach, bitte!", hat Mama gesäuselt und Papa verliebt angesehen, und
dann sind wir tatsächlich nach Grönland geflogen. Es war ein ganz
toller Urlaub. Wir hatten sogar richtig viel Sonne und fast keinen

Schnee. Papa fand das super, Mama nicht so: „Ich hatte mir das ganz anders vorgestellt. Winterlicher." Aber dann haben wir in der Mitternachtssonne gepicknickt und Wale beobachtet und riesige Elche gesehen, und da war Mama wieder zufrieden und hat Papa einen dicken Kuss gegeben: „Siehst du, das hat sich doch gelohnt."

Immer, wenn Mama eine ihrer Ideen hat, sagt sie: „Ich hab da so eine Idee …"
Und dann müssen Papa und ich raten. Wir geben uns wirklich Mühe, aber wir kommen nie drauf, was Mama vorhat.
Papa nennt Mamas Ideen *verrückt*. Ich finde sie meistens lustig.
Wenn Mama beim Spazierengehen anfängt rückwärtszugehen oder wenn sie Frau März an der Supermarktkasse eine dreistöckige Butter-cremetorte mit Marzipan-Frau-März obendrauf schenkt. Mama hat die Torte auf das Band gestellt, und als sie bei Frau März ankam, hatte die Tränen in den Augen.
„Also, so was, das hab ich ja noch nie erlebt!"
Für Mama ist es das größte Kompliment der Welt, wenn jemand so etwas sagt. Dass etwas *ganz anders* ist und dass es das *noch nie gegeben* hat.
Frau März hat das Band gestoppt und das *Diese-Kasse-ist vorüber-gehend-nicht-besetzt*-Schild aufgestellt. Dann hat sie ein Messer aus dem Treuepunktesortiment gezogen und jedem Kunden ein Stück abgeschnitten. Es war eine sehr gute Torte, und sogar der strenge Filialleiter Herr Bohn war äußerst begeistert. Jetzt gibt es für den Supermarktmitarbeiter des Monats immer eine sogenannte Band-Torte.

Einmal hat Mama einen Wellensittich gekauft, und wir sind mit ihm nach Australien gereist. Weil Wellensittiche im Flugzeug nicht erlaubt sind, mussten wir mit dem Frachtschiff fahren. Als Mama die Idee mit dem Wellensittich hatte, hat Papa gesagt, dass es jetzt reicht und er auszieht.

„Sehr gute Idee", hat Mama fröhlich gesagt. „Wir kommen mit! Wir können die Möbel mit einem Eselskarren transportieren, und wie fändet ihr es übrigens, in einer Jurte zu wohnen?"

Papa und ich haben die Köpfe geschüttelt: „Nicht so toll."

„Im Ernst", hat Papa gesagt. „Ich kann nicht mehr."

Er hat ganz traurig ausgesehen, und ich habe ihn schnell in die Arme genommen und fest gedrückt. Am allerwenigsten mag ich es, wenn jemand traurig ist.

Mama wollte nicht aufgeben: „Aber der Wellensittich kommt aus Australien. Und es wäre doch schön für ihn, wenn er wieder zu Hause wäre."

Papa hat sich an die Stirn getippt: „Und willst du dann auch anfangen, die Bananen zurück nach Panama und Costa Rica zu bringen? Und den Kakao an die Elfenbeinküste und den Teddy nach China?"

Ich habe Papa losgelassen und mir Teddy geschnappt. Nie im Leben würde ich es zulassen, dass Mama Teddy zurück nach China bringt. Er wohnte doch bei mir, seit ich auf der Welt war. Ich war mir sicher, dass Teddy in China überhaupt nicht zurechtkommen würde.

Mama hat zum Obstkorb gesehen, zur Kakaodose, zu Teddy, zu mir und zu Papa.

„Nein, will ich nicht. Nur den Wellensittich."

Papa hat nachgedacht, und ich habe mir Sorgen gemacht.

„Okay", hat Papa schließlich gesagt. „Den Wellensittich noch, aber dann ist Schluss. Danach machen wir alles normal und so wie alle Leute!"

„In Ordnung!", hat Mama gesagt.

Sie war ganz glücklich, und Papa und sie haben sich geküsst und mich auch.

„Aber ich muss erst den Chef fragen", hat Papa gesagt, als Mama mit dem Küssen fertig war.

Zum Glück hat Papa einen sehr verständnisvollen Chef.

„Na klar bekommen Sie drei Monate Ferien", hat er gesagt. „Das ist doch mal ein Projekt mit Sinn und Verstand."

Ich glaube, insgeheim hatte Papa ein bisschen gehofft, dass der Chef ihm verbietet, so lange wegzufahren. Aber der Chef findet Mama und ihre Ideen ganz toll, und so war das kein Problem.

Meine Lehrerin, Frau Fink, fand die Idee nicht so gut: „Du hast doch schon wegen Grönland so lange gefehlt und letztes Jahr wegen der Sache mit dem Heißluftballon."

Dann hat sie es doch erlaubt. Weil Frau Fink selbst noch nie in Australien war, schon gar nicht wegen der Freilassung eines Wellensittichs. Und weil ich ihr versprochen habe, jede Woche zu schreiben und später einen mindestens vierstündigen Fotovortrag zu halten.

Frau Fink hat mir die Hausaufgaben für die nächsten drei Monate mitgegeben und mich zum Abschied ganz ernst angesehen: „Pass gut auf dich auf! Und auf deine Mama!"

Meine Freunde finden Mama und ihre Ideen toll. Sie kommen gerne zu uns nach Hause. Wir wohnen seit ein paar Jahren in einem mehrstöckigen Baumhaus. Meine Mama arbeitet manchmal als Architektin, sie hat alles selbst entworfen. Gebaut haben wir das Baumhaus zusammen. Das hat ganz schön lange gedauert. Es gibt Wendeltreppen, einen Wetterhahn und Rutschen von Stockwerk zu Stockwerk. Im Sommer kann man direkt in einen Badeteich rutschen. Man muss nur aufpassen, dass man an die Badesachen denkt. Papa ist morgens immer sehr müde und schon ziemlich oft in nassen Klamotten bei der Arbeit aufgetaucht. Wenn meine Freunde mich besuchen, spielen wir Verstecken in den Ästen, oder wir spielen, dass wir in einer Raumstation sind, mitten im All. Früher, als wir noch Vater-Mutter-Kind gespielt haben, wollten immer alle meine Mutter sein. Ich bin sehr stolz auf meine Mama, weil sie so viele gute Ideen hat. Und auf meinen Papa, weil er die vielen guten Ideen so tapfer aushält und nicht einfach auszieht.

„Ich hab mir dich ja ausgesucht", sagt mein Papa manchmal zu Mama. „Und ich mir dich", sagt meine Mama, und dann grinsen sie ein bisschen dämlich, aber sehr zufrieden.

Aber ich wollte von Weihnachten erzählen. Und deswegen muss ich auch von Australien erzählen. Die Frachterfahrt war super. Ich durfte neben dem Kapitän am Steuer sitzen, und manchmal waren wir nachts wach und haben uns die Sterne angesehen. Mitten auf dem Meer gibt es viel mehr Sterne, als man denkt. Es sieht ein bisschen so aus, als würden sie gar nicht alle in den Himmel passen. Die Sterne türmen sich übereinander auf zu riesigen Gebirgen, die an den Mond stoßen.
Nach vierundvierzig Tagen auf See verabschiedeten wir uns von der Besatzung, stiegen in einen kleinen roten Campingbus und machten uns auf den Weg, den Wellensittich nach Hause zu bringen. Wir

fuhren die Küste entlang und suchten nach dem richtigen Ort. Wir fuhren lange, und wir fuhren weit. Australien ist ja ziemlich groß. „Das kann Jahre dauern", sagte Papa. Ich sah ihn entsetzt an. Obwohl es mir in Australien sehr gut gefiel, wollte ich nicht jahrelang dort bleiben. Mir fehlten meine Freunde, ich wollte pünktlich zu Samis Geburtstag zurück sein, und außerdem fand ich es blöd, Hausaufgaben zu machen und dabei nicht zu Hause zu sein.

Eines Tages kamen wir auf eine große Insel. Hier gab es weiße Strände und knallblaues Wasser und alle möglichen Tiere. Wir stellten den Wellensittich in seinem Käfig auf den weißen Campingtisch, und plötzlich fing er an zu singen. Unser Wellensittich hatte noch nie gesungen. Wir grinsten uns an.

„Das ist es!", sagte Mama.

„Hier ist es!", sagte Papa.

Ich durfte den Käfig aufmachen. Der Wellensittich segelte noch eine Runde um unsere Köpfe, drehte eine Pirouette, und dann flog er hoch hinauf in die Luft. Plötzlich waren da ein lautes Zirpen und Zwitschern und Flügelschlagen und eine grün-gelb-blaue Wolke. Ein Wellensittichschwarm.

„Seine Freunde!", rief ich.

„Oder Familie", sagte Papa.

„Hurra!", rief Mama.

Wir konnten unseren Wellensittich nicht mehr erkennen, aber wir waren uns alle sicher, dass wir ihn gut nach Hause gebracht hatten.

Sehr zufrieden saßen wir eine Woche später im Flugzeug. Unter uns verschwand Australien, vor dem Fenster tauchten dicke Wattewolken auf. Ich finde, Wolken sehen aus der Nähe wie Schneeberge aus. Es war erst Anfang September, aber ich musste plötzlich an Weihnachten denken.

„Was machen wir Weihnachten?", fragte ich meine Eltern.

Papa strahlte: „Weil ab jetzt Schluss ist mit dem Alles-anders-Machen, feiern wir Weihnachten dieses Jahr ganz normal."

Mama nickte. Sie sah ein bisschen enttäuscht aus, machte aber ihr *Es-ist-schon-alles-in-Ordnung*-Gesicht. Ich verstand nicht, was Papa meinte. Normal? Wie feiert man Weihnachten normal?

Bei uns war Weihnachten jedes Jahr anders. Einmal haben wir ein großes Iglu gebaut und dort bis zum Neujahrsmorgen gewohnt. Ein anderes Mal hatten wir einen Schneetannenbaum, der einen Tag vor Weihnachten geschmolzen ist. Dann gab es noch das Weihnachten, an dem wir uns auf die Suche nach dem Weihnachtsmann gemacht haben. Wir haben nicht nur einen, sondern gleich zweiunddreißig gefunden. Überall in der Stadt sahen wir welche: Sie saßen auf großen Sesseln in den Kaufhäusern, standen auf Weihnachtsmärkten herum, und einen trafen wir sogar, als er gerade eine Riesenportion Pommes aß. Sein Bart war ganz rot vom Ketchup. Für jeden dieser Weihnachtsmänner hatten wir ein Geschenk dabei. Und alle freuten

sich wahnsinnig darüber. Wir hatten dicke Socken gestrickt, Schals und Mützen, und Papa hatte seine Spezialkekse gebacken. Die Weihnachtsmänner bestaunten ihre warmen Hände, Hälse und Füße und lobten Papas Mandelmakronen mit Lebkuchennugatfüllung.
Das war eigentlich das beste Weihnachten.

Oder vielleicht auch das, an dem wir Oma und Opa Wurst überrascht haben. Oma und Opa Wurst sind Mamas Eltern. Eigentlich heißen sie Grete und Albert, aber weil es bei ihnen die leckerste Salami der Welt gibt, heißen sie Wurst. Oma und Opa Wurst wohnen weit weg und haben einen Bauernhof. Sie müssen immer bei ihren Kühen sein, und wir haben immer was vor, besonders an Weihnachten. Aber in dem Jahr, als ich fünf war, haben wir sie besucht.
Wir haben uns zwischen den Kühen versteckt und leise *O Tannenbaum* gesungen. Oma und Opa Wurst dachten echt, die Kühe singen.

Sie waren begeistert. Dann haben wir auch noch *O du fröhliche* und *O Little Town of Bethlehem* gesungen. Oma und Opa Wurst haben fröhlich und laut und falsch mitgesungen. Aber dann sind uns keine Weihnachtslieder mit *O* mehr eingefallen, und wir sind zwischen den Kühen hervorgesprungen und haben „Überraschung!" gerufen. Zum Glück haben Oma und Opa Wurst sehr friedliche Kühe, sonst wären wir bestimmt getreten worden. Als wir zwischen den Kühen hervorsprangen, haben Oma und Opa Wurst weihnachtsbaumkugelgroße Augen gemacht.

„So was, so was, so was!"

Ich sehe Oma und Opa Wurst nicht so oft. Mama sagt, dass die beiden sich so viele Sorgen machen, dass sie nach einem Besuch bei ihnen immer selbst völlig besorgt ist. Mama ist nicht gerne besorgt, und deshalb besuchen wir Oma und Opa Wurst nur einmal im Jahr und eigentlich nie an Weihnachten.

„Weil Weihnachten schön sein soll", sagt Papa, und Mama sieht das auch so. Meine Eltern geben sich immer viel Mühe, damit Weihnachten schön und ganz besonders und vor allem ganz besonders *anders* ist.

Ich fand das Weihnachten mit Oma und Opa aber sehr schön und besonders und wollte im nächsten Jahr gleich wieder zu ihnen, im Stall Weihnachtslieder mit *O* singen und zwischen den Kühen hervorspringen. Aber weil Mama immer alles ganz anders machen will, feierten wir das nächste Weihnachten mit Schokoeis, Strandmatte und Schneeanzug im geschlossenen Freibad.

Ehrlich gesagt: Manchmal ist es ein bisschen anstrengend, Mamas und Papas Kind zu sein.

Oben im Schneewolkenwatteberg versuchte ich mir vorzustellen, wie Weihnachten normal sein könnte. Natürlich hatte ich schon ganz viel von meinen Freunden gehört. Sie hatten mir über ihre geschmückten Tannenbäume, die bunten Teller, die goldenen Glöckchen, die riesige Gans, den Weg zur Kirche und zurück nach Hause, über den Geruch von Kaffee und Tannennadeln, über Oma-und-Opa-und-Tanten-Onkel-Cousins-Cousinen-Besuch, die Geschenkpapierberge, ihre Flötenkonzerte und Marzipankartoffeln erzählt. Aber trotzdem konnte ich es mir nicht richtig vorstellen, Weihnachten normal.

„Wie geht das?", fragte ich meinen Papa. Er war gerade damit beschäftigt, seine Kängurubilder durchzusehen.

„Weihnachten normal?", fragte Papa.

Ich nickte.

„Na, das ist doch ganz klar."

Ich wartete. Und wartete. Aber Papa sagte nichts.

„Papa?"

„Ich denke nach."

Er dachte noch lange nach.

Papa dachte bis Singapur nach. Da stiegen wir um.

Als wir im nächsten Flugzeug saßen, sagte er: „Ich habe leider überhaupt keine Ahnung."

Mama wusste auch nicht, wie das funktionieren soll, Weihnachten normal. Ihre Eltern hatten keine Zeit gehabt für Weihnachten, wegen der Kühe. Sie erinnerte sich nur noch daran, dass es einen Weihnachtsbaum gab. Wir dachten noch eine Weile nach, aber als wir wieder in unserem Baumhaus ankamen, hatten wir immer noch keine Idee.

Zum Glück hatte ich meine Lehrerin, Frau Fink. Sie weiß alles, und sie wusste auch sofort, was wir machen mussten: „Wie wäre es, wenn ihr euch umschaut?", schlug sie vor. „Ich bin mir sicher, dass die anderen Kinder und ihre Eltern dir und deinen Eltern gerne zeigen, wie Weihnachten normal funktioniert. Oder, Kinder?"

Meine Freunde nickten begeistert: „Klar!"

Damit war es beschlossen.

Meine Freunde sprachen mit ihren Eltern, und alle waren einverstanden. Frau Fink machte einen Plan. Jeden Sonntag bis zum Dezember waren wir woanders eingeladen. Extra für uns feierten meine Freunde und ihre Familien Weihnachten vor.

„Das ist ja auch eine ganz gute Übung", sagte mein Freund Max.

Bei Max waren wir dann auch als Erstes. Mitten im September. In der Einladung stand, dass wir uns schick machen sollten. Also kämmte ich mir die Haare ganz glatt und schrubbte die Fingernägel blitzeblank. Papa band sich eine dunkelblau glänzende Fliege um, und Mama sprühte ihre Locken mit einem Stinkespray ein. Danach sah sie wunderschön aus und ein bisschen wie der Rauschgoldengel vor dem Marzipanladen.

Max, seine kleine Schwester Anna und seine Mama wohnen in einem kleinen Haus ganz nah am Wald. In den Fenstern hingen Leuchtsterne und Lichterketten, und im Vorgarten stand ein blinkender Schneemann. Als wir an dem Schneemann vorbeigingen, fing er an, ein Lied von einem rotnasigen Rentier zu singen. Mein Vater kannte das Lied aus dem Radio und sang mit. Mein Vater singt sehr schön. Mama und ich klatschten, und mir kam das alles schon ziemlich weihnachtlich vor. Max, Anna und seine Mama kamen aus der Tür.

Sie waren alle drei ganz rot angezogen und sahen sehr schick und
ziemlich weihnachtlich aus. Max hatte einen kleinen Strohhut auf
dem Kopf und Anna eine riesengroße Schleife im Haar.

„Wie schön, dass ihr da seid!", rief Max' Mama und winkte uns ins
Haus. Drinnen war es noch weihnachtlicher als draußen. Von der
Decke hingen Tannenzweige und ein Mistelstrauch aus Plastik.
Max' Mama sagte meinen Eltern, dass man sich unter dem Zweig
küssen muss, und meine Eltern küssten sich. Ich sah mir so lange
die riesigen Strümpfe an, die über einem Kamin aus Styropor hingen.
Aus den Strümpfen schauten Orangen und weiß-rot geringelte Zu-
ckerstäbe. Und dann war da der Weihnachtsbaum.

„Wahnsinn", flüsterte Mama andächtig, und Papa konnte vor lauter
Bewunderung gar nichts mehr sagen. Er machte nur leise: „Uuuu-
uhhh!"

Max, Anna und ich nickten. Das war wirklich ein beeindruckender
Weihnachtsbaum! Vor lauter Schmuck und Lametta und Kerzen
sah man die Tanne gar nicht mehr.

„Das Wichtigste an Weihnachten", sagte Max stolz, „ist bei uns immer
das Schmücken!"

Danach war es aber auch noch ziemlich schön. Wir aßen Würstchen
und Kartoffelsalat und zum Nachtisch Spekulatius, und dazu tranken
wir heißen Kinderpunsch. Max' Mama stellte das Radio an, und
wir sangen ganz viele Lieder mit O am Anfang. Danach sahen wir
uns einen Weihnachtsfilm im Fernsehen an, und um Mitternacht rief
Max' Papa an. Max' Mama stellte das Telefon laut, und Max' Papa
rief aus dem Lautsprecher: „Fröhliche Weihnachten, ihr lieben Weih-
nachtsleutchen!"

Max' Papa ist irgendwo anders, so genau weiß ich das nicht. Auf jeden Fall sangen wir mit ihm noch mal *O Tannenbaum,* und zwar alle Strophen, und das sind ganz schön viele, und dann sagte Mama, dass es jetzt Zeit wäre, nach Hause zu gehen.

Als wir wieder an dem singenden Schneemann vorbeigingen, waren wir uns einig, dass das ein sehr, sehr schönes normales Weihnachten gewesen war.

Eine Woche später waren wir bei Marie und Luise. Die beiden sind Zwillinge, haben knallrote Haare und können Einrad fahren. Außerdem streiten sie sich ziemlich oft.

„Aber Weihnachten nie", hatten sie mir in der großen Pause erzählt. Ich war sehr gespannt, ob das stimmte.

Für das Weihnachten bei Marie und Luise mussten wir uns nicht schick machen. Wir sollten nur unsere Schlafanzüge anziehen.

Ich fand es ein bisschen komisch, im Schlafanzug Straßenbahn zu fahren.

„Wir haben ja die Jacken drüber", sagte Mama.

Als wir bei Marie und Luise ankamen, saß die ganze Familie schon am Tisch und wartete auf uns. Alle hatten ihre Schlafanzüge an, nur Maries und Luises kleiner Bruder Emil trug sein Superman-Kostüm.

„Das ist auch so was wie ein Schlafanzug, nur für Superhelden", erklärte er meinem Papa. Ich glaube, Papa hätte auch lieber einen Superheldenschlafanzug angehabt. Stattdessen trug er einen neuen, sehr weihnachtlichen rot-grün karierten Pyjama mit Elchaufdruck auf dem Po. Dass Papa einen grinsenden Elch auf dem Po hatte, wusste er nicht, und ich habe es ihm lieber nicht gesagt. Jedenfalls saßen wir alle zusammen am Tisch, und es roch nach Käse vom Fondue und nach Bratapfel aus dem Backofen. Nach dem Essen waren wir pappsatt und legten uns flach auf den Rücken. Maries und Luises Papa fing an, eine Geschichte über einen vergesslichen Weihnachtsmann zu erzählen, und Maries und Luises Mama fing an zu schnarchen, während er erzählte.

„Mama schläft immer sofort ein", flüsterte Luise mir zu. Als die Geschichte zu Ende war, weckten wir Maries und Luises Mama und bewunderten den Weihnachtsbaum. Dieser Baum war das Gegenteil von Max' Baum.

„Es ist am wichtigsten, dass die Äste möglichst schief sind", sagte Marie.

„Stimmt gar nicht!", rief Luise. „Am wichtigsten ist, dass er mit der Spitze an die Zimmerdecke stößt!"

„Nein!", schrie Marie.

„Doch!", schrie Luise.

„Hört auf, euch zu streiten!", rief Maries und Luises Mama. „Heute ist doch Weihnachten!"

„Probeweihnachten", berichtigte Emil seine Mama.

„Es war jedenfalls ein sehr schönes Probeweihnachten", sagte Mama, und Papa und ich nickten.

Als wir in unseren Schlafanzügen wieder in der Bahn saßen, waren wir uns einig, dass das Probeweihnachten bei Marie, Luise und ihrer Familie genauso schön gewesen war wie das Probeweihnachten bei Max.

„Bis auf die Sache mit dem Elch", sagte Papa und sah sich in der Fensterscheibe an. „Warum hat mir denn niemand gesagt, dass ich einen Elch auf dem Hintern habe?"

Da mussten Mama und ich ziemlich lachen.

Am nächsten Wochenende waren wir zum Probeweihnachten-Feiern bei Knut und seinen Großeltern. Die drei spielten uns ein Krippenspiel vor. Knuts Opa war der Esel, Knuts Oma das Schaf, und Knut spielte alle anderen Rollen. Er war das Jesuskind und Maria und Josef gleichzeitig und die Engel und die Hirten und die Heiligen aus dem Morgenland. Die Aufführung dauerte fast drei Stunden. In der Pause gab es Schinkenbrote und Zimtkakao. Am Ende musste Knuts Opa ein bisschen weinen, weil er so gerührt von Knuts Darstellung des Engels war. Wir waren auch sehr beeindruckt und fanden, dass das ein sehr schönes normales Weihnachten war.

Danach waren wir bei noch bei Johanna und Johann und ihren Eltern, und da gab es Gans und eine Nachtwanderung, und dann bei Mia und ihrem Papa zum Weihnachtsfeuerwerk und bei Raphael und seinen Nachbarn zum Kekseverschenken und bei Sami und seiner Familie, die nicht Weihnachten feiern, sondern uns vom Zuckerfest erzählten.
„Das sehen wir uns nächstes Jahr an", sagte Mama begeistert.

Dann haben wir noch Lukas und seinen Hund Benno besucht. Lukas' Eltern waren gerade nicht zu Hause, aber wir durften mit Lukas Weihnachtsfilme gucken. Es gibt tolle Weihnachtsfilme, und wenn man dabei Benno krault, Lebkuchen isst und sich die Spaghetti bolognese von Lukas' Mama aufwärmt, dann hat man ein wunderschönes normales Weihnachten.
„Normalerweise", sagte Lukas, „gucken wir die Filme natürlich zusammen, Benno, meine Mama, mein Papa und ich." Eigentlich wollten wir spätestens um zehn Uhr gehen, aber dann sind wir bei Lukas

und Benno auf dem Sofa eingeschlafen. Am nächsten Morgen wachte ich auf, weil es nach Kaffee und Speck und Rührei und frischen Brötchen roch. Lukas Eltern waren wieder da und hatten ein riesengroßes Weihnachtsfrühstück gemacht. Das Frühstück dauerte bis zum Nachmittag, und Lukas und ich spielten noch ein bisschen auf seinem Hochbett, und dann bastelten wir einen Weihnachtswunschzettel. „Der ist nämlich auch sehr wichtig", erklärte Lukas mir. Später brachte Lukas' Papa uns mit dem Auto nach Hause, und als ich am nächsten Morgen aufwachte, war es plötzlich Dezember.

In den Straßen gingen die Lichterketten an, in den Fenstern wurden Glitzersterne aufgehängt, und an den Straßenecken konnte man Weihnachtsbäume kaufen. Mama, Papa und ich schlenderten über drei verschiedene Weihnachtsmärkte und aßen gebrannte Mandeln mit Kardamom. Papa machte sich ein bisschen Sorgen um seine Gesundheit, aber Mama versicherte ihm, dass Weihnachtsessen sehr gesund sei. Während wir Kakao mit Sahne und Zimt tranken, überlegten wir, wie es denn nun sein sollte, unser erstes ganz normales Weihnachten.

„Gemütlich muss es sein", sagte Mama.

„Und irgendwie feierlich", sagte Papa.

„Wir müssen alle einladen", sagte ich.

Mama und Papa fanden, dass das eine gute Idee war.

„Auch Oma und Opa Wurst", sagte ich.

„Aber die Kühe!", sagte Mama.

„Die sollen sie mitbringen", sagte Papa.

„Ich dachte immer, du magst keine Kühe", sagte Mama erstaunt.

„Doch", sagte Papa. „Ich finde die meisten Kühe ziemlich nett."

Damit war das besprochen.

Ich war noch nie so aufgeregt wie vor unserem ersten normalen Weihnachten. Und ich bin immer sehr aufgeregt vor Weihnachten. Aber dieses Jahr hatte ich nicht nur Wellensittiche im Bauch, dieses Jahr war da auch eine Katze drin, die die Wellensittiche jagte. Mama streichelte mir stundenlang den Bauch, und Papa erzählte mir tausendundzwei oder mehr Geschichten, aber es dauerte trotzdem ewig, bis ich einschlief.

Und dann war es endlich so weit:
Dann war Weihnachten da.
Und es schneite.
Und unser Besuch kam.
Zuerst kam Frau Fink, dann kamen Oma und Opa Wurst und die Kühe. Dann kamen meine Freunde und ihre Eltern und noch ein paar Leute aus der Nachbarschaft. Und ein paar von etwas weiter weg und ein paar von ziemlich weit weg. Es hatte sich nämlich herumgesprochen, dass wir vorhatten, ein ganz normales Weihnachten zu feiern. Das wollte sich niemand entgehen lassen. Alle kletterten hinauf in unser winziges Baumhauswohnzimmer. Alle, bis auf die Kühe natürlich. Die blieben unten und grasten.
Im Wohnzimmer war es ganz dunkel.
Unsere Gäste murmelten gespannt.
Papa drückte meine Hand: „Jetzt!"
Ich stand auf, ging zu dem kleinen, runden Tisch und zündete vorsichtig die rote Kerze an.
„Ohhhh", flüsterte jemand.

Wir saßen dicht beieinander und sahen zu, wie die Kerze flackerte und tanzte und langsam hinunterbrannte. Es war vollkommen still, man hätte eine Sternschnuppe fallen hören können, oder einen Zimtstern in Australien.

Dann ging die Kerze aus.

„Fröhliche Weihnachten", riefen Mama, Papa und ich.

„Fröhliche Weihnachten", riefen Frau Fink, Oma und Opa Wurst, Max, Marie und Luise und Emil, Johanna und Johann, Knut, Mia und Raphael und Sami und alle Eltern und Frau März aus dem Supermarkt, und Benno bellte begeistert, und von unten hörten wir die Kühe feierlich muhen.

Wir saßen noch ein bisschen zusammen am Kamin und redeten, und dann gingen alle nach Hause, ihr Weihnachten feiern.

Mama und Papa und ich lagen auf dem Sofa und teilten uns eine Orange, und dann schliefen wir erschöpft ein.

So kam das, und so war das, als wir einmal Weihnachten normal feierten. Was wir dieses Jahr machen, wissen wir noch nicht genau. Ich habe vorgeschlagen, Oma und Opa Wurst zu besuchen und wieder Lieder mit O zu singen, und Mama hat gesagt: „Vielleicht ist das eine gute Idee, vielleicht kann man auch mal etwas wiederholen."

Und über den Satz hat Papa sich sehr gefreut.

Paul Maar

Die schlaue Maus

Kaum, dass der Dezember startet,
sitzt die Maus im Loch und wartet
ungeduldig auf das Fest.
Und man fragt sich, was der Grund ist,
der die Maus so warten lässt?
Weihnachtsbaum und Lichterglanz
sind der Maus egal.
Glockenklang und Chorgesang
sind es allemal.
An Christbaumkugeln und Lametta
hat sie kein Interesse,
so wenig wie am Nikolaus
und an der Weihnachtsmesse.
Warum wartet dann die Maus
auf das nächste Weihnachtsfest?
Weil man von den Weihnachtsplätzchen
immer Krümel fallen lässt.
Diese Krümel schleppt die Maus
in der Nacht noch in ihr Haus.
Am Morgen ist das Staunen groß:
Der Teppich ist ja krümellos!

Leckere Weihnachtswunder

Weihnachtswunderkekse

220 g weiche Butter
180 g brauner Zucker
1 Päckchen Vanillezucker
2 Eier
1 Messerspitze Salz
320 g Mehl
200 g gehackte Pekannüsse (ungesalzen)
Himbeermarmelade

Butter, Zucker und Vanillezucker schaumig rühren. Die Eier trennen, Eigelb, Salz und Mehl unter die Butter-Zucker-Masse rühren. Backofen auf 180 Grad vorheizen. Aus dem Teig kleine Bällchen mit ca. 2,5 cm Durchmesser formen. Mit verquirltem Eiweiß bepinseln und in den gehackten Nüssen wälzen. Die Bällchen im Abstand von 5 cm auf ein mit Backpapier belegtes Blech legen.
In die Mitte der Bällchen eine Vertiefung drücken und mit Himbeermarmelade füllen. Plätzchen bei 180 Grad 12–15 Minuten backen.

Winter-Wunder-Kaffee (für die Großen)

5 EL Milch
1 TL Kakaopulver
½ TL Zimt
1 TL Zucker
1 doppelter Espresso oder 1 starker Café crème

Kakao, Zimt und Zucker in eine Tasse geben und mit der Milch verrühren. Den Kaffee aufgießen und verrühren.

Weihnachtswunder-Kakao (für Groß und Klein)

150–200 ml Milch
1 TL Kakaopulver
1 TL flüssiger Honig
1 Prise Zimt
1 Prise Kardamompulver

Die Milch in einem kleinen Topf erhitzen und Kakao, Honig und Gewürze unter Rühren auflösen. Den Kakao in eine Tasse geben und eventuell mit Milchschaum garnieren.

Heinz Janisch

Was war das?

Ein leises Klirren
ein feines Sirren
ging durch den Raum
Ich hörte es kaum

Was war das?

Ein Engel aus Papier?
Das Holz im Klavier?
Das Bild an der Wand?
Das seidene Band?
Die Tasse aus Porzellan?
Der bemalte Schwan?
Die Vase aus Ton?
Das Spielzeug-Saxofon?
Die uralte Truhe?
Die neuen Schuhe?
Die silberne Dose?
Die getrocknete Rose?
Was war das?

Ein leises Klirren
ein feines Sirren
ging durch den Raum
ganz leis', so wie im Traum

Ich weiß genau: Da war was!
Summte die Biene aus Glas?
Schnurrte sich die Wollkatze satt?
Fiel ein müdes Blütenblatt?
War es eine kleine Elfe aus Luft?
Oder gar ein klingender Duft?

Eines weiß ich mit Sicherheit:
Es klang irgendwie nach Weihnachtszeit …

Susanne Weber

Silbersterne

Juliane drehte sich zur Seite und krümmte sich zusammen. Ein starker Schmerz zog durch ihren Bauch. Sie richtete sich etwas auf und schaute auf den Wecker, der neben dem Weihnachtsengel auf ihrem Nachttisch stand. Es war sechs Uhr früh, draußen war es noch stockdunkel. Vielleicht half es ja, wenn sie aufs Klo ging.
Sie setzte sich auf die Bettkante und schlüpfte in ihre Pantoffeln. Dann schlich sie durch den dunklen Flur zur Toilette. Sie zitterte. Ihr war gleichzeitig warm und kalt, und beim Gehen wurden die Schmerzen noch schlimmer.
Juliane beschloss, ihre Eltern zu wecken. Als sie die Tür vom Schlafzimmer öffnete, hörte sie ihren Vater schnarchen. Sie schlich zu der Seite, auf der ihre Mutter lag, und berührte sie vorsichtig am Arm.
„Mama", sagte sie leise.
Ihre Mutter schreckte hoch.
„Was ist denn, Juliane?", fragte sie. „Wie spät ist es?"
„Kurz nach sechs", sagte Juliane und stöhnte.
„Was hast du?", fragte ihre Mutter besorgt.
Jetzt brach es aus Juliane heraus. Sie schluchzte los, und Tränen liefen ihr über die Wangen. Sofort war auch ihr Vater hellwach.

„Was ist mit dir, mein Schätzchen?", sagte er.

Juliane brachte zwischen zwei Schluchzern hervor: „Mein Bauch. Der tut so weh!"

„Ich rufe Frau Doktor Köhler an", sagte ihr Vater. „Sie soll kommen!"

Julianes Mutter hielt ihn zurück. „Warte. Vielleicht musst du auch einfach aufs Klo? Hast du Durchfall oder so?"

Juliane schniefte und schüttelte den Kopf.

Ihre Mutter schob sie ins Bett. „Leg dich erst mal hin. Ich mache dir eine Wärmflasche und einen Tee."

„Papa, bleib bei mir", sagte Juliane, als ihre Mutter in die Küche ging. Er nahm ihre Hand, dann befühlte er ihre Stirn. „Du hast ja Fieber!", sagte er erschrocken. „Ich rufe jetzt wirklich Frau Doktor Köhler an. Ich bin gleich wieder bei dir."

Juliane lag auf der Seite, als ihr Vater zurück ins Schlafzimmer kam. Ihre Stirn war nass vor Schweiß.

„Frau Doktor Köhler kommt gleich", sagte er und nahm ihre Hand. „Dann wird alles besser."

Ihre Mutter brachte ihr einen Kamillentee und eine Wärmflasche, die sie ihr auf den unteren Bauch legte. Juliane zuckte zusammen. „Ich glaube, jetzt wird es noch schlimmer", sagte sie und schob die Wärmflasche weg.

Ihre Eltern gingen nacheinander ins Badezimmer und zogen sich an. Juliane war froh, dass sie im Nachthemd im Bett liegen bleiben durfte.

Endlich klingelte es an der Tür. Ihre Mutter öffnete, wechselte ein paar Worte mit der Hausärztin und trat dann zusammen mit ihr ins Schlafzimmer.

„Juliane, was machst du denn für Sachen so kurz vor Weihnachten?“, sagte sie.

„Ich … ich weiß nicht“, stammelte Juliane.

„Mach bitte mal den Bauch frei, dann kann ich ihn mir ansehen.“

Sie tastete und drückte auf dem Bauch herum, und Juliane zuckte zusammen.

„Tut es hier am meisten weh?“, fragte die Ärztin.

„Ja!“, stieß Juliane hervor.

Frau Doktor Köhler drehte sich zu Julianes Eltern. „Ich habe den Verdacht, dass Juliane eine Blinddarmentzündung hat. Im akuten Stadium. Sie muss so schnell wie möglich ins Krankenhaus.“

„Das geht nicht“, sagte Juliane. „Heute ist der letzte Schultag, und wir führen das Weihnachtsstück auf. Ich bin der Engel!“

„Dann muss wohl leider ein Ersatzengel her“, sagte die Ärztin. „Du kannst heute nicht in die Schule.“

„Aber …“, stammelte Juliane. Für einen kurzen Moment ließ der Schmerz nach, dafür machte sich Enttäuschung in ihr breit. Wie sehr hatte sie sich darauf gefreut, auf der Bühne zu stehen. In ihrem Engelskostüm mit den schönen silbernen Sternen, die sie ganz alleine auf ihr bestes Nachthemd genäht hatte!

„Ich packe ihre Sachen, und du rufst ein Taxi“, sagte ihre Mutter energisch zu ihrem Vater. „Danke, Frau Doktor Köhler, dass Sie so schnell kommen konnten.“

Ihre Mutter begleitete die Ärztin zur Tür, dann ging sie in Julianes Zimmer, um eine kleine Tasche zu packen.

„Denk nicht an die Aufführung, mein Schätzchen. Du musst ganz schnell wieder gesund werden, das ist jetzt am wichtigsten“, sagte ihr Vater, der bei Juliane am Bett saß.

Plötzlich steckte ihre Mutter den Kopf zur Tür herein. „Du musst schnell zur Schule gehen, Jakob. Wir brauchen das Nachthemd mit den Sternen. Es ist das beste, das sie hat. Juliane kann doch nicht in einem ollen Nachthemd im Krankenhaus liegen, schon gar nicht an Weihnachten!"

Julianes Vater stöhnte, doch er sah ein, dass sie das Nachthemd brauchten. Sie beschlossen, dass Julianes Mutter mit ihr ins Krankenhaus vorfahren und der Vater mit der Straßenbahn nachkommen würde. Er zog sich die Schuhe an, nahm Mütze und Mantel und eilte hinaus.

Julianes Mutter rief ein Taxi, das eine Viertelstunde später vor dem Haus am Eichendorffplatz stand.

„Zum Bethanien-Krankenhaus", sagte Julianes Mutter und stieg vorne ein.

Juliane saß zusammengekrümmt auf der Rückbank und hatte die Sätze im Kopf, die sie für das Weihnachtsstück gelernt hatte. Sie war bei den Proben immer so aufgeregt gewesen. Nur gestern, bei der Generalprobe, bei der schon ein paar Lehrer und der Hausmeister in der Aula gesessen und zugesehen hatten, war sie plötzlich ganz ruhig geworden und hatte ihren Text mit lauter und fester Stimme vorgetragen. Wie sehr hatte sie sich auf die Aufführung gefreut! Ihre Eltern wären so stolz auf sie gewesen. Und jetzt sollte das einfach ohne sie stattfinden?

Vor dem Bethanien-Krankenhaus half ihre Mutter ihr aus dem Taxi, und sie gingen zur Anmeldung. Die Schwester begrüßte die beiden mit einem Lächeln. „Hallo, Juliane! Wen willst du denn besuchen? Dein Vater ist doch schon lange entlassen."

Juliane kannte fast alle Schwestern in dem kleinen Krankenhaus. Ihr Vater hatte den halben Sommer hier gelegen, wegen einer Magenoperation, und Juliane hatte ihn jeden Tag nach der Schule besucht.

„Verdacht auf akute Blinddarmentzündung", sagte ihre Mutter und legte die Hände auf Julianes Schultern.

„Oje, so kurz vor Weihnachten", sagte die Schwester. „Gehen Sie bitte gleich durch zur Notaufnahme, ich gebe dort Bescheid."

Erst jetzt wurde Juliane bewusst, dass sie nicht nur das Weihnachtsstück verpassen würde, sondern wahrscheinlich auch Weihnachten hier verbringen müsste. Sofort wurde der Schmerz in ihrem Bauch wieder schlimmer.

„Wir müssen leider sofort operieren", sagte der Arzt in der Notaufnahme, nachdem er Julianes Bauch abgetastet hatte. „Und dann wirst du mindestens eine Woche bei uns bleiben müssen." Und an Julianes Mutter gewandt, fügte er hinzu: „Die Schwestern werden sie jetzt für die OP bereit machen, sie darf nichts mehr essen und trinken. In einer Stunde geht es los."

Der Arzt verließ den Raum, und Julianes Mutter setzte sich zu ihr an die Liege und streichelte ihr über die Wange.

„Mach dir keine Sorgen, es wird alles gut werden."

„Wann kommt Papa?", fragte Juliane leise.

„Er ist bestimmt gleich da", sagte ihre Mutter.

Als Juliane aufwachte, lag sie in einem halbdunklen Raum. Ihr Kopf fühlte sich an, als sei er in Watte gepackt, alles war dumpf und irgendwie unscharf. Sie tastete vorsichtig über ihren Bauch. Dort klebte ein riesiges Pflaster. Also war schon alles vorbei. Wo waren ihre Eltern? War ihr Vater noch gekommen, bevor sie ihr die Maske aufs

Gesicht gesetzt hatten und sie eingeschlafen war? Ihre Augen fielen zu, und sie dämmerte erneut weg.

Juliane blinzelte und öffnete ihre Lider, die so schwer waren, als würden Gewichte an ihnen hängen. Es war immer noch halbdunkel in dem Raum, aber jetzt erkannte sie ihren Vater, der neben ihr am Bett saß und ihre Hand griff. Er lächelte sie an.

„Mein kleiner Weihnachtsengel, wie geht es dir?"

Juliane versuchte zu sprechen, aber auch ihre Zunge fühlte sich schwer an. Sie streichelte die Hand ihres Vaters, und er streichelte sie zurück.

Am anderen Ende des Bettes sah sie etwas blitzen. Was war das? Sie versuchte, ihre Augen scharf zu stellen, und erkannte Sterne, silberne Sterne. Ihr Nachthemd! Musste sie jetzt ihren Text aufsagen? Sie murmelte die Sätze vor sich hin, dann schlief sie wieder ein.

Als sie das nächste Mal aufwachte, lag sie in einem großen hellen Raum und hörte Stimmen, Kinderstimmen. Sie blickte sich um. Fünf andere Betten standen dort, und darin lagen Mädchen und Jungen, manche jünger, manche älter als sie. Zwei schliefen noch oder hatten zumindest die Augen geschlossen, die anderen drei unterhielten sich. Jetzt ging die Tür auf.

„Guten Morgen", sagte eine Schwester und kam herein. „Fieber messen, auf die Toilette gehen, gleich gibt's Frühstück. Ach, Juliane, du bist ja auch endlich wach." Sie trat an Julianes Bett und senkte die Stimme: „Du musst noch nicht aufstehen. Ich zieh dir jetzt endlich den OP-Kittel aus und dein wunderschönes Nachthemd an."

Später kamen ein Arzt und zwei Schwestern zur Visite herein.

Sie gingen von Bett zu Bett, besahen sich Wunden und studierten die Fieberkurven, die an den Betten hingen. Schließlich stellten sie sich in die Mitte des Raumes, und der Arzt verkündete: „Lukas, Marlene, ihr dürft heute nach Hause. Marie, du musst dich noch bis morgen gedulden. Und Frieda, Paul und Juliane haben das Glück, das Weihnachtsfest hier mit uns zu verbringen."

Juliane strich über die glatten Sterne aus Silberpapier auf ihrem Nachthemd und blickte in die Gesichter der anderen Kinder. Drei von ihnen strahlten und redeten aufgeregt miteinander. Aus dem Bett am Fenster hörte sie leises Schluchzen, und das Mädchen zwei Betten weiter schien noch immer zu schlafen.

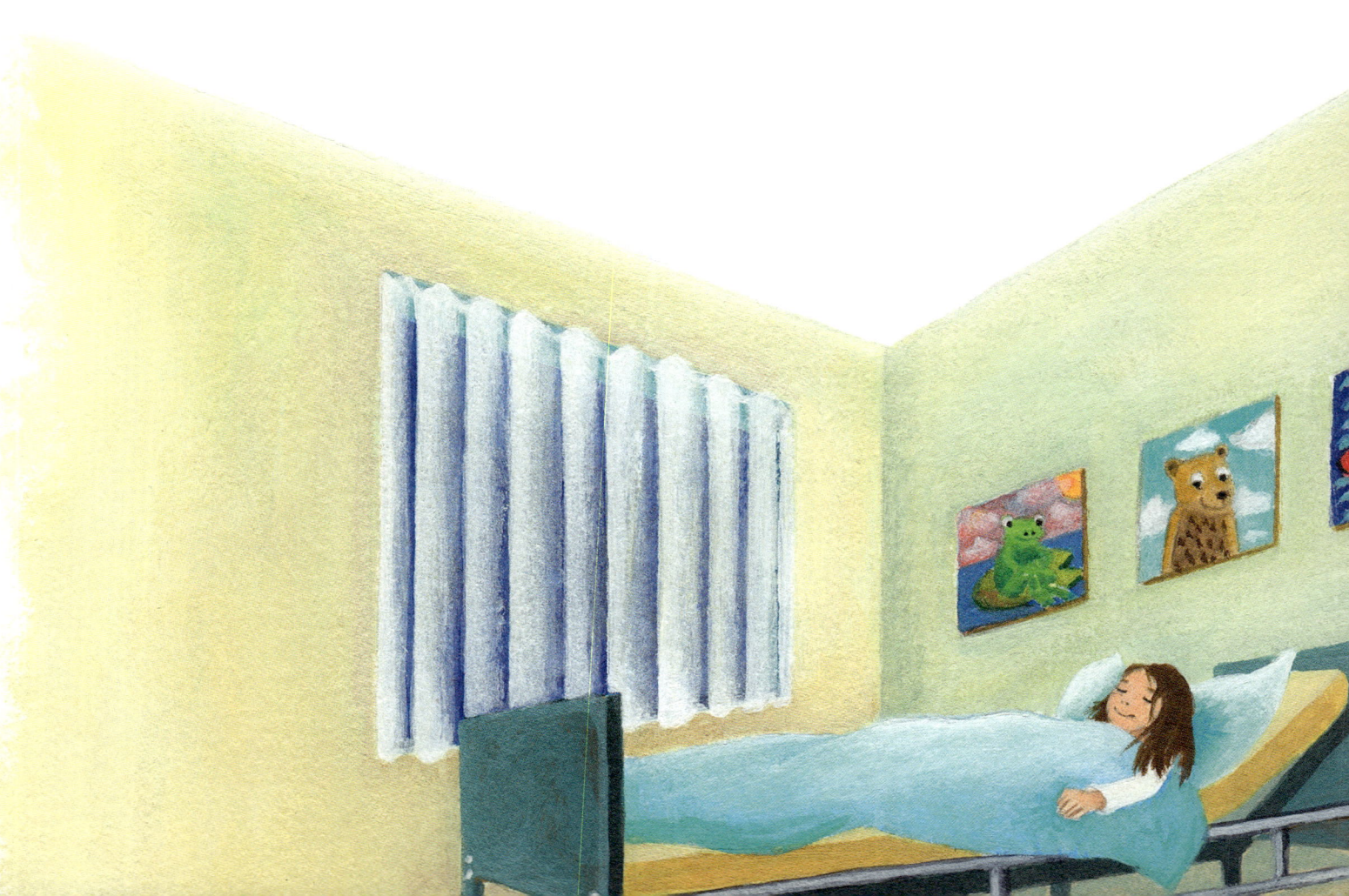

Juliane schluckte. Wann kamen endlich ihre Eltern? Und wie würde es sein, Weihnachten im Krankenhaus zu verbringen? Würden sie Weihnachtslieder singen und einen leckeren Weihnachtsbraten essen? Würde es hier überhaupt Geschenke geben? Sie sah hinüber zu dem Bett von dem weinenden Jungen, doch der hatte sich unter der Bettdecke versteckt.

„Wir haben mit den Schwestern gesprochen", sagte ihre Mutter, als ihre Eltern endlich da waren. „An Heiligabend wird es am Nachmittag hier in der Kinderstation eine kleine Weihnachtsfeier geben. Wir dürfen auch dabei sein. Erst gibt es Kaffee und Kuchen, später auch noch ein Weihnachtsessen. Aber um sechs müssen wir gehen, damit es nicht zu viel für euch wird und ihr schnell gesund werdet."

Juliane war erleichtert. Sie würde das Weihnachtsfest also nicht alleine verbringen müssen.

„Was ist mit dem Weihnachtsmann?", fragte Juliane ihren Vater und kam sich für die Frage fast schon ein bisschen zu alt vor. „Kommt er auch hier vorbei und bringt Geschenke?"

„Ich weiß es nicht", sagte ihr Vater und schmunzelte. „Aber ich bin mir sicher, dass er dich nicht vergessen wird."

Das Warten war schrecklich. Nachdem Lukas, Marlene und Marie entlassen worden waren, waren sie nur noch zu dritt. Dann wurde am Abend des 23. Dezember noch ein neues Bett in den großen Raum geschoben. Jonas war beim Schlittschuhlaufen in der Eishalle gestürzt und hatte sich das Bein gebrochen.

Obwohl Juliane mittlerweile aufstehen und herumlaufen durfte, saß sie seit Stunden mit Paul an dem kleinen Tisch am Fenster und spielte *Memory* und *Mensch ärgere Dich nicht*. Die Schwestern waren draußen mit Vorbereitungen beschäftigt und schauten nur selten nach den Kindern. Und die durften das Zimmer erst verlassen, wenn alles fertig war.

„Wie spät ist es?", fragte Juliane schon zum hundertsten Mal.

„Gleich halb drei", antwortete Paul nach einem Blick auf seine Armbanduhr.

Juliane stand auf und ging zum Spiegel, der über dem Waschbecken hing. Sie hatte sich zwei Zöpfe geflochten, und ihr Haar glänzte seidig. Plötzlich hörte sie ein Klingeln und drehte sich zur Tür um. Frieda sah von ihrem Buch auf, und sogar Jonas, der noch starke Schmerzen hatte, öffnete die Augen und hob den Kopf vom Kopfkissen.

„Ich glaube, es geht los", sagte Juliane.

Sie half Jonas aus dem Bett in den kleinen Rollstuhl. Zusammen gingen die vier zur Tür und öffneten sie einen Spalt. Wieder hörten sie das Klingeln. Sie drückten die Tür weiter auf und traten in den Flur. Juliane entdeckte einen Weihnachtsbaum, der blinkte und glitzerte. Die Schwestern hatten ihn mit selbst gebasteltem Schmuck behängt. Dann wanderte ihr Blick weiter den Flur entlang, bis zum Treppenhaus. Dort war eine große Tafel aufgebaut und mit Kerzen festlich gedeckt. An dem Tisch saßen die Eltern der Kinder zusammen mit den Schwestern und Ärzten, und sie sangen alle gemeinsam ein Weihnachtslied. Juliane strahlte übers ganze Gesicht, lief zu ihren Eltern und fiel ihnen in die Arme.

„Oh, ist das alles schön!", sagte sie.

Es gab Kaffee und Kakao sowie verschiedene Kuchen, die die Mütter gebacken hatten. Zwischendurch sangen sie Weihnachtslieder, und

Julianes Eltern richteten Grüße von Nachbarn und Freunden aus. Julianes Lehrerin hatte am letzten Schultag eine Karte geschrieben, die alle ihre Mitschüler unterzeichnet hatten. Juliane versuchte, jede einzelne Unterschrift zu entziffern, als es aus dem Treppenhaus erneut klingelte. Die Kinder blickten auf und sahen sich an. Was konnte jetzt noch kommen?

Das Klingeln wurde immer lauter. Plötzlich erschien ein Mann mit rotem Mantel und weißem Bart auf dem Treppenabsatz. Er rief die Kinder einzeln auf und ließ sie zu sich kommen. Frieda musste ein Gedicht aufsagen, dann bekam sie vom Weihnachtsmann ein Geschenk.

Juliane war aufgeregt. Würde sie auch ein Geschenk bekommen? Was sollte sie aufsagen?

„Ist hier jemand, der Juliane heißt?", brummte der Weihnachtsmann. Sie strich ihr Nachthemd mit den Sternen glatt, ging nach vorne und, ganz ohne zu überlegen, sagte sie mit fester Stimme ihren Text als Engel auf. Die Eltern und Schwestern klatschten, und der Weihnachtsmann überreichte ihr ein Geschenk. Mit roten Wangen bedankte sie sich und lief zu ihren Eltern zurück.

„Jetzt hattest du ja doch noch deine eigene kleine Aufführung", sagte ihr Vater und klopfte ihr stolz auf den Rücken.

Juliane packte das Geschenk aus. Es war eine Strickliesel, die sie sich schon lange gewünscht hatte, und dazu drei verschiedenfarbige Wollknäuel.

Nach und nach überreichten ihr ihre Eltern noch mehr Geschenke, die Nachbarn und Freunde bei ihnen abgegeben hatten. Alle hatten Mitleid mit Juliane, die Weihnachten im Krankenhaus verbringen musste. Noch nie hatte sie so viele Geschenke bekommen.

„Und das ist von uns", sagte ihre Mutter und überreichte ihr ein letztes Geschenk. Juliane öffnete die Schleife und riss das Papier auf. Es war ein Nachthemd, aus einem wunderbar glatten weißen Stoff, mit kleinen Verzierungen und Rüschen.

„Jetzt hast du für den Notfall noch ein zweites bestes Nachthemd", sagte ihr Vater und lachte.

Uwe-Michael Gutzschhahn

Die Muße der Mäuse

Nachts unter dem Weihnachtsbaum kauern
und warten, dass Nüsse fallen.*

* Aber vorher mit jedem Haar lauern,
ob sich Katzenpfoten im Zimmer ballen.

Wundersames Weihnachtswissen

Auf dem Kopf: Weihnachtsbäume hing man früher an der Decke auf. Sie nahmen so weniger Platz ein, und man konnte sie nicht umstoßen.

Um alle Geschenke rechtzeitig zu verteilen, müsste der Weihnachtsmann sich mit einer Geschwindigkeit von 1040 Stundenkilometern fortbewegen, das ist ungefähr so schnell wie ein Passagierflugzeug.

Eine kanadische Fluggesellschaft hat ihre Passagiere mit Geschenken überrascht. Beim Einchecken sollten die Fluggäste ihre Weihnachtswünsche nennen. Diese wurden an den Zielflughafen weitergegeben, wo ein Heer von freiwilligen Helfern sich bemühte, die Wünsche zu erfüllen. Während das Flugzeug in der Luft war, hechteten sie in Spielzeug- und Elektronikgeschäfte, um die Geschenke zu besorgen. Und als die Passagiere ihre Koffer vom Laufband holen wollten, drehten sich dort – oh Wunder – ihre sehnlichsten Weihnachtsgeschenke im Kreis, und sie mussten nur zugreifen.

Festschmaus für die Tiere: Bis ins Mittelalter hinein glaubten Menschen, dass Tiere an Weihnachten sprechen können. Deshalb wurden auch sie an den Feiertagen mit besonderem Futter verwöhnt.

God Jul!
Bald ist Weihnachten

Astrid Lindgren
Weihnachten mit
Astrid Lindgren
Illustrationen von
Katrin Engelking u. v. a.
256 Seiten · Ab 6 Jahren
ISBN 978-3-7891-4184-3

Pippi Langstrumpf hat so ein großes Herz, dass sie zu Weihnachten alle anderen Kinder beschenkt. Madita muss mit Schnupfen das Bett hüten, während ihre kleine Schwester Lisabet sich im verschneiten Wald verirrt. Die Kinder von Bullerbü toben durch den Schnee, Michel aus Lönneberga feiert, und der Wichtel Tomte Tummetott bewacht das Haus, wenn alle schlafen.

Ein hochwertiger Sammelband mit Astrid Lindgrens schönsten Weihnachtsgeschichten.

Oetinger

Weitere Informationen unter:
www.oetinger.de

Und jetzt alle kräftig mitsingen!

Sophie Härtling (Hrsg.)
Annette Swoboda,
O du fröhliche!
Das Weihnachtsliederbuch
96 Seiten
ISBN 978-3-7891-6605-1

Von „Fröhliche Weihnacht überall" bis „Jingle Bellls": Das Weihnachtsliederbuch enthält 48 der schönsten deutschen und internationalen Weihnachtslieder für die ganze Familie – mit vielen farbigen Bildern, Noten und Gitarrengriffen.

„O du fröhliche!' ist ein besonders glanzvoller Stern unter den Weihnachtsliederbüchern." Literaturtipp

Oetinger

Weitere Informationen unter:
www.oetinger.de

Wann ist denn endlich Weihnachten?

Kirsten Boie
Und dann ist wirklich Weihnachten
Geschichten von Kirsten Boie
192 Seiten · Ab 8 Jahren
ISBN 978-3-7891-3184-4

Plätzchen backen, Krippenspiele, Adventskalender, Tannenbaum schmücken, … Weihnachten ist hundertprozentig mit Abstand die beste Zeit im Jahr! Darin sind sich die großen und kleinen Kinder in den Weihnachtsgeschichten von Kirsten Boie einig. Und selbst die Meerschweinchen-Dame King-Kong findet den Advent und seine grünen Zweige richtig gut.

15 Geschichten für die Vorweihnachtszeit – zum Vor- und Selberlesen.

Oetinger

Weitere Informationen unter:
www.kirsten-boie.de und **www.oetinger.de**